JÖRG UHLE-WETTLER

# Spiel mir das Lied vom Leben

RADIUS

*Jörg Uhle-Wettler*, geb. 1965 in Dessau. Handelskaufmann. Studium der Theologie in Berlin und Erfurt. Seit 1995 Pfarrer in Bad Düben. Von 1997 bis 2012 Vorstandsvorsitzender des Evangelischen Schulzentrums Bad Düben e.V., seit 2008 Kurator der Johannesschulstiftung in Magdeburg. Zusammen mit Gerhard Begrich gab er im Radius-Verlag die vierbändige Sammlung »Vergessene Texte« heraus und lektorierte die Erinnerungen von Werner Krusche: »Ich werde nie mehr Geige spielen können«.

ISBN 978-3-87173-968-2

Umschlag: André Baumeister
Auf holz- und säurefreiem Werkdruckpapier gedruckt
Gesamtherstellung: CPI, Clausen & Bosse Leck
Printed in Germany

## Vorbemerkung

*Denn Gott hat uns nicht gegeben den Geist der Furcht, sondern der Kraft und der Liebe und der Besonnenheit.*
2. Timotheus 1,7

Mein Großvater, Georg, muss ein tapferer Mann gewesen sein. Noch im kaiserlichen Deutschland geboren (1899), zieht er, fünfter Sohn einer traditionellen Pfarrersfamilie, als Kriegsfreiwilliger an die Westfront, obwohl bereits drei seiner Brüder gefallen sind. Aus dem Grauen der Materialschlachten kehrt er 1918 verwundet und verändert heim. Er studierte Vogelkunde und Theologie.

Von 1930 bis 1966 versah er seinen Pfarrdienst in Lissa, einem Dorf in der Nähe von Leipzig.

1933 wird er in die Auseinandersetzungen über den rechten Weg der Kirche im »Dritten Reich« hineingerissen. Er ist einer der wenigen Pfarrer, die damals der »Bekennenden Kirche« beitreten. Er wurde mehrfach von der Gestapo verhaftet und hat sich oft von seiner Frau und den beiden Kindern verabschiedet, mit dem Wissen einer möglichen endgültigen Trennung.

Ein anstehender Pfarrstellenwechsel wird, wie die Akten ausweisen, vom Reichskirchenministerium in Berlin verhindert. Nach dem Zusammenbruch der Nazidiktatur verhaftet ihn 1945 Stalins Geheimpolizei, weil er gegen die ideologische Begründung der Bodenreform öffentlich protestierte. 1957 tritt die Leipziger Volkszeitung eine Hetzkampange gegen ihn los und stellt ihn öffentlich an den Pranger. Immerhin zitierten sie ihn wörtlich: Diese Zeit werde gleich der der Nazis vergehen.

Die Gottesdienste leerten sich durch Einschüchterung der Gemeindeglieder. 36 Jahre hält er in Lissa und seinen Filialdörfern aus.

Er muss, wenn auch mit Zweifeln, an seine Berufung geglaubt haben. Gegen Ende seines Lebens sagt er zu seiner Frau Helene: »Man muss nur lange genug leben, um sehen zu können, dass man selber recht gehabt hat.«

1966 tauft er mich, als damals neunmonatigen Jungen, kurz vor seinem Tode und gibt mir aus dem zweiten Timotheusbrief im ersten Kapitel den siebenten Vers mit auf den Lebensweg.

Als er starb, verweigerte die Leipziger Volkszeitung seinen Angehörigen das Zeichen des Kreuzes auf der Todesanzeige. So borniert ist es in diesem Lande einmal zugegangen.

1995 sitzt mir eine Redakteurin der Leipziger Volkszeitung gegenüber und fragt, ob ich mir vorstellen könne, sogenannte Wochenendgedanken für die Zeitung zu schreiben. Ich dachte damals, die werden auch in Lissa gelesen – und sagte spontan zu.

Mittlerweile sind es fast einhundert Kolumnen geworden, von denen 77 für dieses Buch ausgewählt wurden.

Die meisten Zeitungsleser können mit der kirchlichen Formelsprache kaum noch etwas anfangen. Unsere Insiderbegriffe befremden sie.

Die schriftlichen Reaktionen der Leser erfreuen mich bis heute – und auch das eine oder andere unverhoffte Freibier, von Fremden gereicht, in einer Gastwirtschaft.

Meistens trinke ich es dann – zum stillen Wohl – auf meinen Großvater.

*Bad Düben, im Juni 2013* *Jörg Uhle-Wettler*

## Unsere Seele braucht Nähe

Ein Vater nahm seinen kleinen Sohn täglich auf die Knie und erzählte ihm Märchen. Eines Tages brachte er seinem Sohn einen Kassettenrecorder und viele Märchenkassetten mit nach Hause. Als er den Jungen nach einigen Tagen fragte, wie ihm die Märchen auf den Kassetten gefielen, antwortete dieser: »Überhaupt nicht. Dem Recorder kann ich nicht auf den Knien sitzen.«

Unsere Seele braucht Nähe! Sie nährt sich von dem, an dem sie sich freut. Dabei kümmert sie sich wahrscheinlich nicht um unsere Wirklichkeitskategorien. Für sie scheint in erster Linie wirklich zu sein, was auf sie eine Wirkung hat. Kein Pathologe hat bis heute eine Seele entdecken können. Sie wohnt aber als Seismograph in uns und registriert alle Beben, von der leichten Erschütterung bis zum letzten Zusammenbruch.

Jede Seele braucht eine besondere Pflege, damit sie nicht verschüttet wird. Und dabei hat die Kirche, auch im 21. Jahrhundert, eine große Verantwortung. Ich weiß von vielen Menschen, denen es nicht leicht fiel, ihre Verbindung zur Kirche zu kappen, doch sie sahen sich einem zu großen gesellschaftlichen Druck ausgesetzt.

Und was kam nach der Entwurzelung? Die Mechanismen der Anpassungsgesellschaft in diesem Jahrhundert funktionieren perfekt. Wo aber wird die Frage nach dem Sinn des Lebens nachhaltiger behandelt als in den Kirchen? *Wovon* wir leben, wissen wir alle. Da reicht ein Blick in den Kühlschrank. Wissen wir auch, *wozu* wir leben?

Ich kann mir menschliche Gemeinschaft ohne Kirche nicht vorstellen. Aus den Quellen, welche die Kirche bewahrt, nimmt die Welt ihre Zuversicht!

Ich weiß, dass sich etliche Mitmenschen fragen, was es noch für einen Sinn hat, in der Kirche zu sein. Wenn die Kirchensteuer genau der Betrag ist, der über Ihre Existenz entscheidet, hat jeder Gemeindekirchenrat Verständnis für eine Zahlpause. Aber Überflussfinanzierung durch Kirchenaustritt ist doch hoffentlich unter Ihrem Niveau?

Einer sagt zu mir: »Ich trete aus wegen unseres Pfarrers.« Nur: Gehen wir nicht trotzdem immer wieder gerne mal ins Gasthaus, obwohl jeder von uns schon mal lauwarme Brühe bekommen hat?

Ich glaube, den Grund für Glaube, Liebe und Hoffnung bewahrt die Kirche, und dieses Wissen kommt jedem zugute, der es braucht.

Dag Hammarskjöld schrieb in sein Tagebuch: »Gott stirbt nicht an diesem Tag, an dem wir nicht länger an eine persönliche Gottheit glauben, aber wir sterben an dem Tag, an dem das Leben für uns nicht länger von dem stets wiedergeschenkten Glanz der Wunder gespeist wird, von den Quellen jenseits aller Vernunft.«

Dieses Wissen gibt der Seele die nötige Nähe, die fast so schön ist wie ein gehörtes Märchen – auf den Knien des Vaters.

## Du musst kein Schwein sein in dieser Welt

Das erste Mal hörte ich den neuen Popsong aus dem Munde von Christenlehrekindern: »Du musst ein Schwein sein in dieser Welt…« Seit Wochen nun dudelt es über die Sender: »Schwein sein…« Getextet wurde das Lied vom Sprachgenie Udo Lindenberg. Vortragen tun es die Prinzen, und man merkt ihnen an, dass sie es gerne singen. Der Vergleich von Mensch und Tier ist Jahrtausende alt. Die Dichter, von Äsop bis Reiner Kunze, haben Tiere beschrieben, um menschliche Verhaltensweisen aufzuzeigen – und um ihren Kopf zu retten. Denn einfacher ist es, vom listigen Fuchs, von der klugen Eule und vom bösen Schwein zu schreiben als von Herrn und Frau N. N.

Die Leser, für die Fabeln bestimmt sind, verstehen sicherlich genau. Unvergesslich ist in diesem Zusammenhang einer Westdeutschen ein Erlebnis zu Beginn der 80er Jahre: Der Grenzer klaubte zwei Bücher aus der Tasche, einen Gedichtband von Kurt Tucholsky und George Orwells »Farm der Tiere«. Er blätterte in beiden Büchern und erklärte nach einiger Zeit: »Der Tucholsky muss hier auf Sie warten, das Tierbuch dürfen Sie mitnehmen.« Deshalb muss es Fabeln geben.

Der Vergleich von Mensch und Tier bestimmt auch die Alltagssprache. Jeder, der sich ohne Schlips nackt fühlt, heißt bald Schlipsaffe. Alle diejenigen, die ihren Müll nicht trennen wollen, gelten als Ökoschweine. Und: Wer immer arbeitet wie ein Pferd, fleißig ist wie eine Biene, abends müde ist wie ein Hund, der sollte mal zum Tierarzt gehen, vielleicht ist er ein Kamel.

Als Pfarrer höre ich nicht selten: Die oder der – ist wie ein Geier.

Und nun heißt es auf allen Kanälen: »Schwein sein…, gemein sein.« Traurig dabei ist eigentlich nur, dass die besungenen Schweine dieses Lied als Rechtfertigungshymne

(»Genauso ist es in der Gesellschaft, und deshalb kann ich auch nicht anders«) betrachten – und nicht die feine Ironie verstehen, um sich ein bisschen zu ändern.

Der Vergleich von Mensch und Tier zieht sich auch durch die Schriften der Bibel. Hier einige Beispiele: Als »Schwein mit einem goldenen Ring in der Nase« wird eine Frau bezeichnet, die nur auf ihre Schönheit achtet und kein Zartgefühl besitzt. Die Faulen werden aufgefordert, sich die Ameise zum Vorbild zu nehmen. Wer für die Gerechtigkeit eintritt, ist ein furchtloser junger Löwe. Vor der listigen Schlange wird gewarnt. Der Esel kennt die Krippe seines Herrn. Ein Mann baut ein Haus wie eine Spinne (Philosophie der Einzelhändler). Die Klippdachse sind eigentlich ein schwaches Volk – dennoch bauen sie ihre Häuser in den Felsen. Sperlinge gibt es zwei für einen Groschen – dennoch fällt derer keiner auf die Erde ohne Gott. Die Kraniche und die Schwalben halten die Zeit ein. Die Schafe folgen ihrem Hirten und nicht den Vermietern.

Nach dem Evangelium von Matthäus warnt uns Jesus vor den falschen Propheten, die in Schafskleidern daherkommen, aber inwendig reißende Wölfe sind. Er ermutigt uns, auf die Tauben zu achten, nicht des Dreckes wegen, sondern weil sie ohne Falschheit sind. Besondere Vorsicht gilt den Menschen gegenüber, die Mücken aussieben und Kamele schlucken!

Du musst kein Schwein sein in dieser Welt. Andere Tiere sind bessere Orientierungspunkte.

Wünsche allseits ein tierisch schönes Wochenende!

## Gustav* kommt jetzt ins Gymnasium

Ein Mensch kann sich gut verstellen, aber nicht unbedingt seine Augen.

Gustavs Mutter hält ihre Freude etwas zurück, aber ihren Augen sieht man den Stolz und den Ehrgeiz an. Sie freut sich darüber, dass er ins Gymnasium geht. Freut Gustav sich auch? Nach verlegenem Schweigen, bei dem er sich an der Hosennaht zupft, presst er schließlich hervor: »Ist doch heutzutage wichtig.« Der Satz klingt nicht nach ihm, eher auswendig gelernt. Weißt du auch, was du da sagst, Gustav?

Du bereitest dich auf eine Zeit vor, in der das Leben mit der Uhr dich immer stärker bestimmen wird. Ziffern, Paragraphen und Rangordnungen werden ein dichtes Netz um dich spinnen. Ein aufgewecktes Früchtchen warst du bis heute. Morgen sollst du Spalierobst sein. Aufgeweckt warst du bis heute. Morgen wird man versuchen, dich einzuwecken. Kein Wunder, dass deine Verlegenheit größer ist als deine Neugierde.

Damit wir uns recht verstehen: Ich habe nichts gegen Gymnasien, ich habe nur Angst um dich. Denn von deinesgleichen erzählte mir eine Ärztin: »Die sitzen in der Sprechstunde und wackeln mit dem Kopf, weil vor allem der Erwartungsdruck der Eltern so groß ist.« Sie wollen in dir das verwirklicht sehen, was sie in ihrem eigenen Leben nicht geschafft haben. Hüte dich davor, ihre Maßstäbe zu übernehmen, und denke daran, dass Albert Einstein von seinen Eltern als »vollkommen unbegabt in Physik« eingeschätzt wurde.

Viele der sogenannten Erwachsenen haben ihre Kindheit abgestreift wie eine alte Jacke. Ihre Seele ist ärmer geworden. Sie sind richtig armselig. Heinrich Böll sagt:

* Name natürlich geändert.

»Erwachsensein heißt: Vergessen, wie untröstlich wir als Kinder oft gewesen sind.« Spätestens deine Kinder freuen sich, wenn du nicht »erwachsen« geworden bist.

Ich wünsche dir und allen Mitschülern, für die es in wenigen Tagen wieder losgeht, dass ihr mindestens eine Lehrerin oder einen Lehrer habt, die oder der nicht so viel an euch herumzerrt. Gute Lehrer und Eltern sind wie Gärtner. Sie ziehen nicht an Pflanzen. Sie hegen und pflegen sie. Wachsen müsst ihr selber.

## Herbst hat seinen Herbst

Der Alte heißt Herbst. Die Runzelfalten in seinem Gesicht sprechen Bände. Er ist still und läuft etwas gebückt. Herbst hat gute Augen. Leider sind sie hinter dicken Brillengläsern verborgen. Trotzdem sind sie gut. Herbst mag trockenen Rotwein, Lakritzkatzen und den Dichter Rilke. Und deshalb mag ich Herbst. Wenn ich Herbst besuche, nehme ich Rotwein und Lakritzkatzen mit. Den Rilke zitiert er im Schlaf: »Wer jetzt kein Haus hat, baut sich keines mehr. / Wer jetzt allein ist, wird es lange bleiben, / wird wachen, lesen, lange Briefe schreiben / und wird in den Alleen hin und her / unruhig wandern, wenn die Blätter treiben.«

Das ist, im doppelten Wortsinn, die Melancholie des Herbstes. Man muss nicht alt sein, um das zu spüren. Nur, die Alten spüren es mehr. Während wir Jungen schon den Winterurlaub planen, fragen sich viele von den Alten: Erlebe ich noch ein nächstes Frühjahr? Bekomme ich meine Sachen noch geordnet? Wird jemand aufheben, was ich gesammelt habe?

Der alte Herbst im Lebensherbst ahnt, dass die Zeit über ihn hinweggeht. Er sagt: »Menschen, die sich für unentbehrlich hielten, haben unsere Welt in Blut getaucht.« Und er weiß, dass der Glascontainer auch ohne ihn voll wird.

Irgendwann philosophierten wir über Ewigkeit. Ich erzählte ihm, dass wir keine Herbstblätter sind, die der Sturm irgendwann abreißt und in den Dreck wirft, wenn es an der Zeit ist. Denn Gott hat die Zeit in den Händen, die länger dauert als unsere lausigen paar Jahrzehnte.

ER weiß um Anfang, Ziel und Mitte unseres Lebens. Wir kommen aus der Geborgenheit heraus unter Schmerzen auf diese Welt. Und wir gehen unter Schmerzen von dieser Welt – in die Geborgenheit. Wenn wir leben, ist Gott bei uns. Wenn wir sterben, sind wir bei Gott. Da schaut der alte Herbst mich an, lacht, und sagt: »Pastor, du baust mir eine Krücke!« Manchmal ist die Hoffnung so klein, dass wir nur humpeln können. Trotzdem ist es Hoffnung, die uns vorwärts trägt. Wenn ich in den Herbst des Lebens komme, ist der alte Herbst schon vorweggegangen. Dann werden mich Rotwein und Lakritzkatzen an ihn erinnern. Der Rilke, der ist sowieso schon unsterblich: »Herr es ist Zeit. Der Sommer war sehr groß. / Leg deinen Schatten auf die Sonnenuhren, / und auf den Fluren lass die Winde los.«

## Vom anstrengenden Grübeln über Lebenskonflikte

Jeder von uns weiß, wie anstrengend das Grübeln ist. Kleine Kinder grübeln, wenn man sie mit einfachen Zaubertricks verblüfft. Und alte Menschen grübeln, wenn sie Pflegeanträge ausfüllen müssen (»Können Sie noch allein Wasser lassen?«).

Zwischendurch wird auch viel gegrübelt: In den Schulen, bei schweren Klausuren; im Beruf, bei Anforderungen, denen man eigentlich nicht gewachsen ist (Hauptsache lächeln!); in der Ehe, wenn sich die Frage stellt, ob Harald wirklich kegeln ist – oder wenn die Kinder aus dem Haus gehen (»Vor kurzem noch der Babyspeck, nun fährst du mit dem Moped weg«).

Grübeln strengt an. Grübeln bereitet Bauchschmerzen. Wer grübelt, dreht sich oft im Kreis. Das Grübeln schafft Konflikte, die allein selten zu lösen sind.

Ich will versuchen, das an einem Beispiel zu verdeutlichen:

Im Orient lebte ein Mann, der besaß 17 Kamele. Und als er nun starb, da hinterließ er seinen drei Söhnen ein merkwürdiges Testament. Er teilte nämlich die Kamele seinen Söhnen zu und ordnete an: Der älteste Sohn sollte die Hälfte aller Kamele bekommen, der zweite Sohn ein Drittel der Kamele und der jüngste Sohn schließlich ein Neuntel der Kamele.

Kaum war der Vater tot, da lasen die Söhne das Testament und stellten sofort fest, dass 17 sich weder durch zwei noch durch drei noch durch neun teilen ließ. Und schon waren sie mittendrin. Im Grübeln.

So, nun legen Sie bitte das Buch aus der Hand, und überlegen Sie bitte mit, wie die 17 Kamele entsprechend dem Testament aufgeteilt werden können. Die Wochenendgedanken sollen Sie nicht das ganze Wochenende beschäftigen. Doch grübeln Sie ein wenig mit, mit den Brüdern.

Schön, dass Sie wieder da sind. Sind die Kamele gerecht aufgeteilt? Die Brüder haben es nicht allein geschafft. Nach dem Grübeln bekamen sie sich in die Wolle! Der erste wollte freiwillig verzichten, der zweite wollte alles, der dritte erwog, Gewalt anzuwenden. Schließlich überlegten sie, einen großen Topf Kamelgulasch zuzubereiten. Als sich die drei Brüder noch zankten, da kam ein Fremder geritten, der saß auf einem Kamel. Er hörte sich die Sache an, dann stellte er sein Tier zu den 17 anderen und fing an zu teilen. 18 insgesamt – die Hälfte, das macht neun für den ältesten Sohn. Ein Drittel, also sechs Kamele für den zweiten Sohn und ein Neuntel, also zwei Kamele für den jüngsten Sohn.

Die Summe aber – neun und sechs und zwei – ergab: 17 Kamele! Die Brüder wunderten sich, der Konflikt war gelöst – und der Fremde ritt auf seinem Kamel davon, geleitet vom Dank der Brüder.

Auf das Leben übertragen heißt das für mich: Wir können zwar fünf gerade sein lassen, aber wir können von uns aus nicht 17 durch neun, drei und zwei teilen. Dazu brauchen wir Hilfe eines oder einer anderen.

Christen finden diese Hilfe unter anderem auch im Gebet. Und wer nicht beten kann, ist hoffentlich mit einem Christen befreundet, der für ihn betet.

## Wenn die Seele Gelbsucht hat

Vor drei Wochen veranstaltete unsere Kirchgemeinde einen Kinderkirchentag. Im Eröffnungsgottesdienst spielten Jugendliche eine Szene nach, die uns aus der Josefsgeschichte im Alten Testament überliefert ist.

Dort geht es darum, dass erwachsene Menschen ihren Bruder töten wollen, weil sie ihn um seinen Erfolg und seine Beliebtheit beneiden.

Die Bibel ist ja ein zeitlos aktuelles Buch. Daher kennt sie auch genau unsere menschlichen Gefühlsschwankungen und Eigenschaften. Neidische Menschen werden uns immer wieder vor Augen geführt: Saul neidet David den Aufstieg auf der Karriereleiter – oder der Arbeiter im Weinberg neidet seinen Kollegen den scheinbar besseren Lohn etc.

Neid ist zwar die höchste Form der Anerkennung. Neid verzerrt aber auch die Wirklichkeit – Neid ist die Wurzel der Missgunst. Ein Neidischer sagt immer: »Dein Glas ist halbvoll – und meins halbleer.«

Erstaunt war ich nun über die Tatsache, dass eine der Kindergesprächsgruppen beim Kirchentag das auch als völlig normal empfand. Die zwölfjährigen Kinder kennen die Neidobjekte des Lebens (von der Markenjacke über den richtigen Schulranzen bis hin zum Biedermeierschrank) genau. Auch wenn sie es sprachlich noch nicht so genau artikulieren können, so ist ihnen dennoch bewusst, dass List, Tücke, Verleumdung, Frevel und Mord als Ursache oftmals Neid haben.

»Ja«, sagt ein kleiner Dicker, der einem nicht in die Augen schauen kann, »das ist doch normal so.« Und ein Mädchen, das einem zu sehr in die Augen schaut, bringt einen Spruch, den sie beim Abendbrot zu Hause aufgeschnappt hat: »Die Menschen sind untereinander wie Wölfe.« Immer wenn einer über den Tisch gezogen wird, immer wenn eine außen vor bleiben muss, bekommt die Seele Gelbsucht. Weder Intelligenz noch Alter können uns im Detail davor schützen.

Ein Grundschutz ist meines Erachtens vielleicht eine Grundeinstellung für die paar Jahrzehnte, die uns vergönnt sind. Diese Einstellung prägt sich durch zwei Ansichten: Einerseits kann ich mein Leben als Geschenk betrachten und anderen die Lebens- und Entfaltungsmöglichkeiten auch zugestehen, getreu nach Albert Schweizer: »Ich bin Leben. Inmitten von Leben, das Leben will«, und andererseits kann ich lernen, hinter die Fassade zu schauen, wenn ich oberflächlich Neid empfinde. Dann erkennen wir im Auftrumpfer den Angepassten, im Lauten den Leisetreter. Dann sehen wir, dass Schein immer auf Kosten des Seins geht.

Und schließlich merken wir, dass wir eigentlich zufrieden sein können! Eigentlich.

## Danke, dass ich danken kann

Danke, danke, danke, danke, danke. Da steht fünfmal das Wort *danke*. Falls es nicht zu Ihrem Sprachschatz gehört, dürfen Sie sich eins fortnehmen. Wenn Sie es an diesem Wochenende irgendwo verwenden, werden Sie merken: Ein dankbarer Mensch wird von seinen Zeitgenossen geschätzt. Dankbarkeit kann sich in allen Lebensstufen entwickeln.

Der Dreijährige ist dankbar für einen Lutscher. Dreizehnjährige sind dankbar für eine Kinokarte. Dreißigjährige sind dankbar, wenn sie noch jemanden finden. Ein Mensch mit dreiundfünfzig Jahren Lebenserfahrung ist dankbar, wenn er noch Arbeit hat.

Dreiundsiebzigjährige sind dankbar, wenn sie hin und wieder um ihren Rat gefragt werden, und ein Mensch ab dreiundachtzig ist dankbar, wenn er nicht mehr alles hören muss. Sie sehen: Die Dankbarkeit kann sich wie ein roter Faden durch eine Biographie ziehen. Mit Dankbarkeit hat auch der morgige Sonntag zu tun. In unseren Kirchen feiern wir das Ernte*dank*fest. Dabei danken wir für die Früchte der Felder und Gärten – und für die Früchte, die im Garten des Zwischenmenschlichen wachsen. Wir sehen, dass unterschiedliches Saatgut aufgegangen ist in unserer Umgebung. Der, der den Egoismus gesät hat, der erntet nun die Einsamkeit. Wer die Gleichgültigkeit gesät hat, der erntet die Ohnmacht.

Wer Zuwendung gesät hat, der erntet Dankbarkeit. Wer Hoffnung gesät hat, darf Lebensfreude ernten.

Ich wünsche Ihnen, dass Sie mit den beiden Letzteren Ihr Herz füllen können. Dort ist mehr Platz als in der größten Scheune unseres Landkreises.

In Bad Düben kann es Ihnen passieren, dass Sie einen gutaussehenden Menschen treffen. Er wirkt gesund und scheint etwas ehrgeizig zu sein. Viel Augenmerk richtet er auf sein Äußeres. Dafür investiert er auch einiges. Wenn man ihn fragt, wie es ihm geht, sagt er: »Beschissen.«

Und Sie können auf jemanden treffen, der an den Rollstuhl gebunden ist. Wenn Sie dann nachfragen, wie es geht, sagt er: »Danke, gut.« Manchmal denke ich, wir haben mit den falschen Menschen Mitleid.

## Auch im Herbst blühen die Bäume

Wer von Bad Düben in Richtung Gesundbrunnen unterwegs ist, sollte vor der Quelle links ein Stückchen den Berg hochgehen. Dort steht eine Buche (ca. 50 Jahre alt) umringt von Kiefern. Im Frühjahr haben sich diese Bäume einen heftigen Wortwechsel geliefert, an den ich mich – nun im Herbst – gerne erinnere. Die Buche freute sich gerade über die erwartete Veränderung in ihren Zweigen, die der Melancholie des Wartens ein Ende setzt. Auch die anderen Laubbäume in der Nähe schauten an sich herunter – dankbar, für das plötzliche Geschehen, das der Frühling ihnen bescherte. Nur die Kiefern, die schon eh und je dasselbe grüne Kleid tragen, aus dem sie niemals herauskommen, standen missgünstig beiseite, und eine von ihnen übernahm die Rolle der alten Jungfer auf einer fremden Hochzeit.

»Was gibt's da sich zu freuen? Am Ende des Jahres wird euch das Grün wieder verlassen. Blanke Zweige werdet ihr haben, wenn der Winter wieder zurückkehrt. Ich aber werde ihm im Schmuck meiner dauerhaften Nadeln entgegentreten.« Die Buche wartete, bis die Kiefer geendet hatte, und entgegnete: »Du hast recht, ich und meine laubtragenden Geschwister können nicht ewig grünen. Aber – verzeih! – du scheinst nicht zu wissen, dass wir auch im Herbst und Winter blühen.«

»Erzähl nicht so einen Blödsinn«, rief da die Kiefer. »Wenn dem so wäre, würde ich es doch sehen.«

»Du siehst es nicht«, entgegnete die Buche in aller Geduld, »weil du die Hoffnung nicht kennst. Die Hoffnung auf ein neues Ergrünen. Diese Hoffnung steckt in der Tiefe unserer Stämme und lässt uns die schlimmsten und eisigsten Zeiten überstehen. Auch wenn alle denken, wir seien längst gestorben. Ohne das Grünen dieser Hoffnung gäbe es im Frühling kein Grün mehr für uns.« Die Kiefer schwieg und wurde verlegen. Ein Sehnen stieg in ihr auf. Sie wünschte sich das Grünen solcher tiefen Hoffnung wenigsten einmal erleben zu dürfen.

Nicht das zur Schau getragene (plakative) Leben birgt Hoffnung in sich. Sondern eines, das Verlust nicht nur als Verlust begreift. Und vielleicht sind wir tiefer erlöst, als wir zu hoffen wagen!?

Ich danke für die Bäume, die uns Menschen Lehrmeister sein können, und ich danke Mark Rasumny, der mich zu dieser Geschichte inspirierte.

## Eine Theaterpuppe im Puppentheater

Weihnachten bekamen meine beiden Jungen (vier Jahre der eine, 18 Monate der andere jung) von Oma und Opa ein Puppentheater geschenkt. Eine einfache Holzarbeit, zwei Bühnenbilder auf Presspappe und ein roter Vorhang. Dazu sechs Puppen mit genormten Plasteköpfen. Da blutet einem nicht das Herz, wenn sie sich im Verlauf der Spielhandlung in die Haare kriegen. Meine Puppen packten meine Eltern früher immer schnell ein, wenn es zur Sache ging – »Gute Schnitzarbeiten«, sagten sie immer (war mir doch egal).

Also Plasteköpfe. Auch schlechter Ästhetik kann man einen Nutzen abgewinnen. Der Kasper sieht aus, wie Versicherungsverkäufer sich ihre Kunden wünschen. Gretel könnte Werbung für Zahnpasta machen. Der König wirkt erhaben. Der Polizist ähnelt haargenau seinem Kollegen, der mich vor fünfzehn Jahren nach einem Orgelkonzert vor der Kirche ansprach: »Gänsefleisch mal Ihren Ausweis zeigen?« Dann gibt es da noch das Krokodil, vier Füße und vierundsechzig Zähne (beim letzten Politbüro war es genau andersherum) – und den Teufel (rotes Gesicht, grüne Augen, Hörner… Sie wissen Bescheid). Nun spiele ich seit Weihnachten jeden Tag wenigstens zehn Minuten für die beiden Kleinen Theater mit diesen Puppen. – Der Polizist darf mitspielen, weil sich das Verhältnis zur Polizei verändert hat. Als Polizeichef Kabelitz mich mal zu einer Feier mitnahm, konnte er es selbst nicht glauben. »Einen Pfarrer hatte ich hier noch nie drin!« – Einzig eine Puppe halte ich etwas im Hintergrund. Sie werden es ahnen: den Teufel. Der hat ja nun im Pfarrhaus wirklich nichts zu suchen. Doch gerade dort, wo Eltern etwas verbergen wollen, werden Kinder besonders hellhörig.

»Hol' den Teufel, hol' den Teufel«, ruft der, der schon reden kann, wenn das Krokodil im Palast des Königs lauert.

Ich weiß nicht, ob das für den König so viel angenehmer wäre. Aber das entzieht sich dem theologischen Horizont eines Vierjährigen. Sei es, wie es sei. Jeden Tag treten die Theaterpuppen auf. Jeden Abend sehe ich dann in der Tagesschau die anderen. Ich höre, was Menschen Menschen antun in Algerien, in Belgien, in Chicago oder in Magdeburg.

Fünfzehn Minuten – die Welt mit ihren Eitel- und Bösartigkeiten in Scheiben geschnitten serviert. Es soll Leute geben, die dabei Abendbrot essen. Dieser Tage dann rief es kurz nach zehn aus dem Schlafzimmer: *Maaama, Papa … ich will was trinken!* Und nachdem sein Becher leergetrunken war, schaut er mich an und fragt: *Stimmt's?* Was stimmt? *Der Teufel.* Was ist mit dem Teufel? *Der Teufel ist ein Mensch.*

Spätestens da war das Theater in der Wirklichkeit angekommen. Der Junge ahnt mehr von der Realität, als er weiß.

## Schenken, schlucken, schweigen?

Als wir uns trafen, freuten wir uns, dass wir uns wiedererkannten. Vier Minuten auf der Straße und die ehrlich gemeinte Frage von mir: Wie geht's?

Ach, naja, sagte sie, wenn man alt wird, spielt sich das Leben zwischen drei Worten ab, die alle mit »sch« anfangen. Kennen Sie die? Nein, gab ich zu, drei fallen mir im Moment nicht ein. Sie lächelt und sagt: Schenken, schlucken, schweigen.

Das saß! Drei Worte mit »sch«, zwischen denen sich die Alltagswirklichkeit abspielt. Die Alten spielen mit, und die Jungen lernen die Regeln schnell. Am Nachmittag jenes Tages erzählte ich in einer Gemeindegruppe von den drei Worten. Spontan kam die Äußerung: »Man kann es auch anders sagen: durchhalten, aushalten, Maul halten.« Da waren es vier Worte, nicht weniger schrecklich!

Warum nur diese, wenn auch mit Humor getragene Resignation bei etlichen Älteren unter uns? Sie wundern sich über nichts mehr. Alles ist möglich, selbst Guildo Horn als Bundeskanzler. Wer in der heutigen Zeit alt werden durfte, weiß, dass morgen in der Einbahnstraße schon Kreisverkehr sein kann.

Trotzdem kann sch, sch, sch doch nicht als Bilanz gelten, wenn wir ein bestimmtes Alter erreicht haben. Viele verbringen Jahrzehnte damit, daheim zu sitzen und auf den Besuch der Kinder oder der Enkelkinder zu warten, am Haus rumzubasteln, das Bad zu renovieren, die Ostergeschenke für die Familie zu kaufen.

Irgendwann ist das richtig öde: Eine Welt, die nur noch um sich selbst kreist und kein Ziel mehr hat. Und man kann nur noch schenken, weil man keine neue Welt hat, in die man die Kinder und Enkel locken kann.

Selbst wir Jüngeren sehen selten über den Gartenzaun hinaus. Das moralische Unterscheidungsvermögen zwischen Gut und Böse geht verloren. Unser globales Denken geben wir an der Tankstelle ab. Die Benzinpreisdiskussionen werden zum Wahlkampfthema. Das vierte Wort mit »sch« heißt schimpfen. Natürlich nur über die anderen. Wir merken gar nicht, wie schrecklich (Wort Nr. 5 mit »sch«) primitiv wir im Umgang miteinander geworden sind, sei es bei politischen oder familiären Diskussionen.

Das sechste Worte heißt: schauen. Dieses ist verbunden mit der Gabe der Weisheit.

In der Bibel von Paulus als »Dienst der Versöhnung« (2. Kor. 5) bezeichnet. Warum strahlen so wenig Menschen eine wirkliche Zufriedenheit aus? Weshalb ist auch unter Christen Zank und Streit? Vielleicht sind wir noch zu weit entfernt vom Schauen? Wahres Schauen bringt Weite in die engen Lebensblickwinkel.

Und dann ist das Leben *s-c-h*-ön.

## Segen und Fluch der Arbeit

In den 80er Jahren arbeitete ich einige Zeit in einem sozialistischen Betrieb. Vor dem 1. Mai gab es da immer den gleichen Dialog: »Du bist der Längste von uns. Du trägst die Fahne.« – »Warum ich? Das soll der Storch machen (der mit dem roten Schnabel). Ihr wisst doch: Wenn die Fahnen wehen, ist der Verstand in der Trompete.«

Irgendwie hatten wir dann im Laufe des Tages jeder eine Fahne. Die Bedeutung dieses Tages hat sich in den letzten zehn Jahren stark verändert. Kein anderer Feiertag betrifft so sehr die ganze Existenz des Menschen wie dieser. Der Wechsel von Arbeit und Muße ist der Pendelschlag des Lebens und gibt ihm mit dem gottgewollten Rhythmus von Werktag und Feiertag seine Kontur.

Auf der Arbeit liegt ein Segen – durch sie realisieren wir unsere Existenz. Die Arbeit gibt uns »Futter und Decke« (Martin Luther). Zum Fluch wird dem Menschen die Arbeit, wenn er, freiwillig oder gezwungen, zu viel oder zu wenig Arbeit hat.

In manchen Todesanzeigen steht zu lesen: »Sein ganzes Leben war Arbeit.« Das ist eine schlimme Lebensbilanz; denn man muss annehmen, dass es dann höchsten ein halbes Leben war.

Auch wenn ein Mensch keine Arbeit hat, kann ihm dies zum Fluch werden. Denn wer keine Arbeit hat, kann auch keine Ruhe halten. Ruhe gibt es erst nach getaner Arbeit. Arbeitslose haben darum nicht alle Tage Sonntag: Vielmehr büßen sie mit dem Verlust der Arbeit auch die Fähigkeit zur Ruhe und zum Nichtstun ein.

Wie gehe ich mit meiner freien Zeit um, müssen wir uns in den Zeiten fragen, in denen es noch nie so viel freie Zeit gab. Der Sonntag hat sich zum »Wochenende« ausgeweitet und verlangt ein Kontrastprogramm zum Alltag, anstrengender oft noch als die Arbeit. Aus dem Überfluss entsteht auch hier bald Überdruss. Die einen fallen in einen öden Wochenendtrott, die anderen entwickeln eine aufenthaltslose »Motorik«. Am Abend des Sonntags soll es angeblich die meisten Familienkräche geben.

In der Entfremdung von Arbeit und Freizeit trifft das 3. Gebot: »Gedenke des Feiertages, dass du ihn heiligst. Da sollst du keine Arbeit tun.« Gott gibt dieses Gebot, als er sein Volk aus der Knechtschaft (Ägypten) geführt hat.

Es ist eigentlich kein Gebot, sondern ein Angebot: die Arbeit niederzulegen, selber zu ruhen und die anderen in Ruhe zu lassen!

Wer am Feiertag freiwillig arbeitet, der geht von selbst in ein Sklavenhaus zurück – und braucht eigentlich nicht bedauert zu werden.

## Spiel mir das Lied vom Leben

An diesem Wochenende ist es dreißig Jahre her, dass er in die Kinos kam. Bis heute ist er ein Klassiker des Westerns: »Spiel mir das Lied vom Tod« von Sergio Leone. Ein dreistündiger Film mit Charles Bronson, Henry Fonda, Jason Robards und Claudia Cardinale. Die knapp zehnminütige Eingangssequenz des Films, unterlegt mit der eindrücklichen Musik von Ennio Morricone, zählt zu den beeindruckendsten Beispielen filmischen Spannungsaufbaus. Die Titelmelodie mit ihrer präzisen Instrumentation und dem für dieses Genre unüblichen Einsatz der Mundharmonika machte Morricone berühmt und zum gefragten, international erfolgreichen Filmkomponisten. Der Film hat eine einfache Grundstruktur: Ein Junge erlebt die Ermordung seines Vaters, eines Ranchers. Er macht sich auf die Suche nach dem Mörder, findet und tötet ihn. Die Suche dauert für ihn ein Leben lang, dabei ist Rache seine Motivation. Das, was der Zuschauer nie vergessen wird, ist die Melodie des Todes – gespielt auf der Mundharmonika. Die geht tief unter die Haut! Doch es gibt auch die Melodie des Lebens. Der Tod gehört zum Leben dazu. Ohne ihn würde das Leben in eine endlose Qual münden. Durch ihn wird das Leben so kostbar, weil es unwiederbringlich ist.

Sechsmal habe ich in dieser Woche Angehörige begleitet und bin mit ihnen an ein offenes Grab getreten. Sechsmal angesichts des Todes an das Leben gedacht, die Begrenzung der Zeit gespürt und Trost gesucht.

Die Melodie des Lebens. Sie ist mal in Dur – mal in Moll gehalten. Mal schief, mal verstimmt und dann hoffentlich auch wieder voller Harmonie. Die Melodie des Lebens hält uns unsere begrenzte Zeit vor Augen. Die Zeit ist begrenzt, den Menschen in die Augen zu schauen, den Heuchlern die Wahrheit zu sagen, mit der Schwermut fertigzuwerden, sich in der Treue zu üben, sich in der Krise zu bewähren.

Die Zeit ist begrenzt, Böses mit Gutem zu vergelten, auf meine Tiefe zu horchen, meine Freiheit zu nutzen, mich selbst zu ordnen, zu sehen, zu hören, zu spüren, zu beten... Die Zeit ist begrenzt. Spiel mir das Lied vom Leben; nicht jeder, der gestorben ist, hat zuvor gelebt.

## Senf, Genf, Hanf und Fünf

Vier Worte stehen in der Überschrift. Genaugenommen sind es fünf Worte. Aber vier von ihnen haben die Endung »nf«. Diese vier Worte haben Anfang dieses Monats Konfirmanden der achten Klasse in Bad Düben in helle Aufruhr versetzt. Wir sprachen über Fragen, auf die es scheinbar keine Antwort gibt, selbst wenn wir denken, dass wir sie quasi auf der Zunge liegen haben. Wir müssen damit leben, dass vieles ungelöst bleibt. Denn es sind die Fragen, die uns weiterbringen. Bei einer Antwort bleiben wir stehen. Eine Frage treibt uns weiter. Vielleicht liegt hier ein tieferes Geheimnis verborgen, das besagt: Nur mit deinen Fragen kommst du Gott hinterher?

Der Aufmerksamkeitshorizont der Konfirmanden begann immer kleiner zu werden. Trägheit machte sich breit. Wenn der Mensch von Gott hört, hört er bald gelangweilt weg. Im schlimmsten Falle heißt es noch: »Ach ja, Gottchen.« Also versuchte ich es mit Geld. Dann kehrt der Glanz in die Augen zurück. Ich holte einen Geldschein hervor und fragte, ob Worte bekannt sind mit der Endung »nf«. Fünf brauchen wir. Wer das fünfte Wort sagt, bekommt das Geld. Nur ein Name darf dabei sein. Plötzlich waren sechzehn Jugendliche ganz bei der Sache. Senf! Genf! Hanf! Fünf! … – so still ist es selten! Ich schickte sie dann nach Hause und gab ihnen bis zum Abend Zeit, das fünfte Wort zu finden. Manche Eltern haben ihre Sprösslinge nicht wiedererkannt. Da wurden Lexika gewälzt, Familienangehörige verrückt gemacht, im Internet Informationen gesucht, Computerprogramme befragt und Telefongespräche geführt. Spätestens am Abend dämmerte es dann, dass es vielleicht kein fünftes Wort gibt.

Letzten Dienstag dann das Auswertungsgespräch. War das Geld der Motor für alle Aktivitäten? Für einige schon, und es war auch der Ehrgeiz, zuerst bei mir anzurufen.

Nun musste ich ihnen sagen, dass vermutlich in unserer deutschen Sprache kein weiteres Wort existiert, welches auf »nf« endet. Zuerst waren sie etwas sauer, doch dann konnten wir den Bogen wieder zum Thema der letzten Stunde spannen: Die Fragen halten uns, wenn es sein muss, ein Leben lang in Bewegung.

Wer mit offenen Fragen leben kann, kann auch leichter an Gott glauben. Fragen sind auch auszuhalten. Denn wenn es keine Fragen mehr gibt, ist das Leben zu Ende – jedenfalls das irdische.

## Wenn Weihnachten zu nadeln beginnt

Darf man noch was über Weihnachten schreiben? Nach Silvester und vor den Winterferien ist für die meisten Weihnachten schon abgehakt. War doch letztes Jahr. Die innere Freude, die melancholische Erinnerung an die eigene Kinderzeit, die Sehnsucht nach dem Ungetrübten – all das fällt schneller von uns ab, als der Baum seine Nadeln verliert. Und das will schon was heißen!

Geschmückter Baum. Ohne Wurzeln. Ohne Erde. Umklammert von einem Eisengestell, damit er überhaupt stehen kann. Aber Paradiesäpfel in den Zweigen: aus Glas, zerbrechlich. Strohsterne und Kerzen – lamettabehangen. Und wenn es dunkel wird: heimatlos. Wurzellos. Erdlos. Aber strahlen! So tun, als ob nichts sei. Er wird vertrocknen. Da hilft alles Herausputzen nichts. Ist der Mensch am Ende des 20. Jahrhunderts dem Weihnachtsbaum ähnlicher als der Eiche (die er so gerne sein will)? Dabei haben wir seit zwei Jahrtausenden das Angebot, die Abgestumpftheit zu überwinden.

Abgestorbene Wurzeln schlagen neu aus (Jesaja 11), ein Kind ist uns geboren – nicht: »Wir haben uns eins angeschafft«! –, es ist uns anvertraut (Lukas 2), und ein Licht scheint in der Finsternis (Johannes 1). Allein diese drei Kapitel der Bibel sind lauter Lebensworte. Ohne diese Quellen, welche die Heilige Schrift bewahrt, können wir keine Wurzeln bilden. Keine Kraftreserven speichern. Keine wahre Weihnachtsfreude in dieses neue Jahr mit hinübernehmen, die länger hält als die meisten Geschenke.

Der Weihnachtsbaum ist »am Gehen«. Bei etlichen geht er am 6. Januar. Bei anderen ist er schon gegangen worden. Wir brauchen ihm nicht nachzuweinen. Er wird geplündert. Das tun wir lieber als weinen.

Dabei müssten wir weinen, weil durch die Atheismuspropaganda im 20. Jahrhundert zwei Generationen buchstäblich entwurzelt wurden, weil Kinder ungetröstet bleiben, da nicht mal mehr die Großmutter sich getröstet weiß – und weil es leichter ist, die Finsternis zu beklagen, als ein Licht anzuzünden. Gegen diesen Sog, der noch zunehmen wird, gilt es, sich zur Wehr zu setzen.

Nach Weihnachten werden die Tage länger! Ich wünsche uns das Ende der Kurzatmigkeit.

## Es ist genug

In allen möglichen Gruppen habe ich in der vergangenen Woche mit diesen drei Worten gearbeitet. Was bedeutet: Es ist genug? Daraufhin entlud sich der ganze Frust der Zeit. Es ist genug, sagten die Schüler der 12. Klasse, dass mit dem Vollstopfen wertlosen Wissens das Hirn vernebelt wird. Es ist genug, sagt die alte Bauersfrau, dass meine Kinder immer nur die Hand aufhalten. Es ist genug, sagen Konfirmanden, dass die Umwelt zerstört wird. Es ist genug, sagt die Berufsschullehrerin, dass frau sich aufreibt zwischen Anspruch und Wirklichkeit verordneter Lehrpläne.

Von unserer Sprache und unseren Erlebnissen her gesehen kennen wir alle den (End-)Punkt – an dem es heißt: Es ist genug. Thomas, der mich immer mal anbettelt, sagt es im Lutherdeutsch, ohne irgendwas von Luther zu kennen: »Ich hab die Schnauze voll.« Es reicht. Mit mir nicht (mehr). Lieber ein Ende mit Schrecken – als ein Schrecken ohne Ende!

Ich war überrascht über die heftige Reaktion, die das Wort »genug« auslöst. Hatte ich doch einen Paulustext aus dem Neuen Testament im Hinterkopf, in dem es unter anderem heißt: »Es ist genug, dass du glaubwürdig bist.« Das Wort »genug« hat also im Lauf der Jahrhunderte einen anderen Stellenwert bekommen. Schon vor 500 Jahren haben die Inkas den Spaniern, die sie gefangengenommen haben, flüssiges Gold in den Mund gegossen – damit sie endlich genug bekommen von dem, was sie so gierig macht. Und auch heute leben genug Menschen, die den Hals nicht voll genug kriegen. Genug im biblischen Sinne meint: Ich kann zufrieden sein. Und »unter uns« – es hört ja niemand zu, und Sie lesen gerade die Zeitung: Es stimmt! Wir können zufrieden sein. Wir müssen nur ein Stück Genügsamkeit (was für ein Wort!) neu lernen. Wie komme ich dazu, immer nur sein zu müssen, anstatt einfach zu sein? Menschen, die eine religiöse Wurzel haben dürfen, finden dadurch genug Kraft, um Widrigkeiten des Lebens durchzu*stehen*. Und stehen kann selbst jeder Baum nur, wenn er eine Wurzel hat. In einem Hamburger Nachrichtenmagazin hieß es zu einer weltweiten Umfrage, ob die Menschen glücklich sind: »... auffallend ist, dass die Länder des ehemaligen Ostblocks am Ende rangieren – vermutlich, weil sie nach der Religion auch die kommunistische Ersatzreligion verloren haben.« Glücklicher und sicher auch genügsamer sind Menschen in Ländern wie Venezuela (Platz eins), obwohl dort 85 Prozent der Bevölkerung nur über das Mindesteinkommen verfügen. Vielleicht haben wir in unseren Breiten das Fingerspitzengefühl verloren, für das, was zweitrangig, und das, was erstrangig ist. »Es ist genug, dass du glaub-würdig bist«, schreibt der Apostel. Wer umgibt sich gern mit unglaubwürdigen Zeitgenossen? Und wer möchte leben – ohne den Trost der Worte?

## Goethes Geheimrezept

Heute, am 28. August, vor 250 Jahren, erblickte Johann Wolfgang Goethe in Frankfurt am Main das Licht der Welt. Über kaum einen anderen Menschen der Weltgeschichte sind so viele Einzelheiten im Umlauf wie über ihn. Er war der letzte universelle Vertreter abendländischer Kultur. Als Dichter war er auch ein begnadeter Zeichner, ein passionierter Sammler von seltenen Mineralien und Pflanzen, ein Theoretiker der Farbe und leidenschaftlicher Anatom. Und er war, wie kann es anders sein, ein leidenschaftlicher Verführer. Ein Don Juan zwischen Weimar und Arkadien. Ihm zu Ehren wird an allen Orten des Landes, an denen er sich in seinem Leben fünf Minuten aufhielt, mächtig gefeiert. Selbst Rockveteran Udo Lindenberg singt zu diesem Anlass in Weimars Schlosshof Goethetexte. 79 Prozent der Deutschen sind stolz auf Goethe. Doch wer liest ihn noch?

Ich möchte diese »Wochenendgedanken« nutzen, um Sie mit einem Goethetext bekannt zu machen. Er ist aber nicht von *ihm*, dem Geheimrat, sondern von *ihr*, seiner Mutter. Von ihr ist nicht sehr viel bekannt. Aber sie war es, die, achzehnjährig, »mittags mit dem Glockenschlage zwölf« den prominenten Sohn geboren hat. Catharina Elisabeth Goethe (1731–1808). Von ihr stammt das »Rezept für ein Jahr«. Über zweihundert Jahre alt, enthält es die Geheimzutaten, um ein ausgeglichenes Leben zu führen. Oh seliges 18. Jahrhundert!

Rezept für ein Jahr

*Man nehme 12 Monate, putze sie ganz sauber von Bitterkeit, Geiz, Pedanterie und Angst und zerlege jeden Monat in 30 oder 31 Teile, so dass der Vorrat ein Jahr reicht.*

*Es wird jeder Tag einzeln angerichtet aus einem Teil Arbeit und zwei Teilen Frohsinn und Humor. Man füge drei gehäufte Esslöffel Optimismus hinzu, einen Teelöffel Tole-*

*ranz, ein Körnchen Ironie und eine Prise Takt. Dann wird die Masse sehr reichlich mit Liebe übergossen.*

*Das fertige Gericht schmücke man mit Sträußen kleiner Aufmerksamkeiten und serviere es täglich mit Heiterkeit und mit einer guten, erquickenden Tasse Tee. Gott, der mir von Jugend an so viele Gnade erwiesen hat, der wird schon ein Plätzchen aussuchen, wo ich meine alten Tage ruhig und zufrieden beschließen kann.*

*Ich freue mich des Lebens, ich suche keine Dornen, hasche die kleineren Freuden. Sind die Türen niedrig, so bücke ich mich; kann ich den Stein aus dem Weg tun, so tu ich's; ist er zu schwer, so gehe ich um ihn herum, und so finde ich alle Tage etwas, das mich freut.*

*Und der Schlussstein, der Glaube an Gott, der macht mein Herz froh und mein Angesicht fröhlich.*

## Zum Sehen geboren – zum Schauen bestellt

Eine Überschrift, die Programm ist. Von Geheimrat Goethe wurde diese Formulierung geprägt. Beim Sehen geht es um das Augenlicht. Beim Schauen – um die Wahrnehmung der Welt, in ihrer Vielschichtigkeit und den unsichtbaren Fügungen und Zusammenhängen. Auch ein Blinder kann es lernen zu schauen. Andersherum gibt es viele Mitmenschen, die zum Sehen keine Brille benötigen, aber nie das Schauen begreifen. Religion übt das Schauen. Lassen Sie mich zur Erklärung eine Metapher verwenden: Ein Hirte besaß eine große Rinderherde. Er lebte in Zeiten, in denen das Wort »Rinderherde« noch keine krankmachenden Assoziationen hervorrief. Den ganzen Tag fanden seine Tiere köstlichen Weidegrund. Sie wurden nicht bedroht und fraßen gemächlich von früh bis spät. Am Abend, wenn der Hirte seine Herde in die Ställe trieb, freute er sich schon auf den nächsten Morgen. »Morgen früh werde ich eine herrliche Menge Milch melken können«, dachte er. Morgens jedoch, als er in die Ställe ging und sich die Euter seiner Kühe prall und voll gefüllt vorstellte, musste er die Entdeckung machen, dass sie schlaff und leer waren. So ging das mehrere Tage lang. »Das geht nicht«, dachte der Hirte, »es kann nicht sein, was nicht sein darf.« In der nächsten Nacht beschloss er, das Vieh zu beobachten. Und um Miternacht erblickte er überrascht, wie sich eine Strickleiter von den Sternen heruntersenkte. An ihr schwebte sanft und weich eine Gruppe junger Frauen aus dem Himmelsvolk herab. Er sah sie schön und fröhlich durch seine Ställe ziehen und seine Kühe leermelken. Da sprang er hervor, um sie zu fangen. Schnell stoben sie auseinander.

Doch eine von ihnen konnte er festhalten (natürlich die Schönste!). Er behielt sie bei sich und machte sie zu seiner Frau. Nun hatte er auch Ruhe vor dem Himmelsvolk. Seine Frau arbeitete mit ihm. Sie wurden glücklich, und Wohlstand stellte sich ein. Eines aber quälte ihn. Als er sich seine Frau »eingefangen« hatte, trug sie einen Korb mit sich und bat ihn, niemals den Deckel zu lüften und hineinzuschauen. Wenn er dies täte, würde großes Unglück sie beide treffen. Nach vielen Monaten war seine Neugierde so groß, dass er es nicht mehr aushielt. Als er einmal alleine war, ging er zu dem Korb, hob den Deckel hoch und brach in schallendes Gelächter aus.

Als seine Frau wiederkam, wusste sie sofort, was sich ereignet hatte. Traurig sprach sie: »Du hast in den Korb gesehen.« Er gab es lachend zu und sagte: »Du Dumme. Warum hat du um den Korb ein so großes Geheimnis gemacht? Da ist ja gar nichts drin!« Noch während er sprach, wendete sie sich von ihm ab und ging in den Sonnenuntergang. Sie ging nicht, weil er sein Versprechen gebrochen hatte. Sie ging, weil er die schönen Sachen, die sie vom Himmel für sie beide mitgebracht hatte, nicht sehen konnte und sogar darüber noch lachte. Der Hirte *sieht* nur den (oberflächlichen) Sach- und Nutzwert der Dinge.

Er ist auf das Berechenbare fixiert. Das ungegenständliche Geheimnis, welches der Korb (und das Leben) in sich birgt, *schaut* er nicht. Aufrichtige Liebe, tiefempfundene Dankbarkeit, zweifelndes Hoffen und trostreicher Glauben geben unserem Leben in der Tiefe Kraft. Die Wirklichkeit des Lebens und der Welt gründet sich auf Fakten und Zahlen, aber sie geht in diesen nicht auf.

## Das Wandern ist des Esels Frust

Ich möchte Ihnen gern eine kleine Geschichte in Erinnerung bringen. Und falls diese Geschichte Ihnen noch nicht bekannt ist, gehört sie in wenigen Minuten zu Ihrem Erinnerungsschatz.

Da sind ein Vater, sein Sohn und ein Esel unterwegs. Wie sie die Straße fröhlich dahinziehen, begegnet ihnen ein Wanderer. Der fragt: Warum reitet niemand von euch auf dem Esel? Das stimmt, denken die beiden. Und der Sohn schwingt sich auf den Esel. Da treffen sie einen anderen Wanderer, der spricht zu dem Jungen: Was bist du für ein verzogener Bursche! Lass deinen Vater reiten! Er hat des Lebens Arbeit geleistet. Die beiden tauschen – sichtlich verstört und peinlich berührt. Hinter der nächsten Weggabelung kommt ihnen eine Frau entgegen: Was ist das für eine verkehrte Welt! Der Junge muss den schweren Esel ziehen. Sag mal, Alter, schämst du dich nicht?

Die beiden überlegen – wieder sichtlich verstört und peinlich berührt. Und als die Frau fort ist, setzen sie sich beide auf den Esel. Das geht eine Weile gut, bis sie den Nächsten treffen, einen Tierschützer. Der brüllt schon von weitem: Ihr spinnt wohl! Das arme Tier so zu quälen. Euch müsste man das Fell versohlen! Die beiden steigen ab. Nun grübeln sie. Sie grübeln und grübeln – und mit einem Male haben sie die Idee: Sie tragen den Esel! Nun sagt bestimmt keiner mehr was!?

Die Geschichte beginnt damit, dass zwei Menschen fröhlich die Straße entlangziehen. Mit ihnen trottet ein Esel. Aber sie werden nicht in Ruhe gelassen. Und dann entfaltet sich die ganze Tragik: Was sie auch tun, es wird immer jemand kommen, der die beiden kritisiert. Und dadurch kann sich der eigene Lebensweg nicht entfalten. Ich habe noch gut den Satz einer Frau im Ohr, die sagt: »Mein Leben habe ich nur immer so gelebt, wie es andere Menschen von mir erwartet haben. Jetzt kann ich tun, was ich will!« Sie feierte gerade ihren 58. Geburtstag.

Wer immer nur auf andere hört, erträgt zum Schluss einen Esel. Deshalb: Leben wir unser Leben, und vergessen wir nicht, dass es unser Leben ist.

## Ein Stern hat wohl noch Licht

Vor längerer Zeit, als meine Leidenschaft noch Vollmilchdropsen galt, verbrachten wir unseren Urlaub auf der Insel Hiddensee. Am Abend des Bergfestes verriet der Vater uns, dass er eine Nachtwanderung plane! Und sofort zogen wir begeistert los – zum großen Leuchtturm. Dort lagen wir still auf dem Rücken und betrachteten den Sternenhimmel. Wir einigten uns darauf, einige Minuten nicht zu reden – nur zu schauen.

Nachdem wir geschwiegen hatten, hörten meine Ohren das erste Mal davon, dass es Sterne gibt, die nicht mehr existieren, deren Licht wir aber noch sehen können.

Daran denke ich oft, wenn ich einen Sternenhimmel betrachte: Ein Stern ist vielleicht gar nicht mehr da, aber sein Licht ist noch unterwegs. Es erreicht uns noch!

Und wie ist das mit der Weihnachtsbotschaft? Erreicht uns das Licht noch, welches vom Stern von Bethlehem ausgeht? Mir scheint, dass es hier umgekehrt ist: Der Stern von Bethlehem leuchtet mit seiner tiefen Klarheit durch die knapp zweitausend Jahre hindurch, aber wir können das Licht nicht mehr erkennen. Es ist ja auch schwer, im bürgerlichen Wohnzimmerchristentumsweihnachten den eigentlichen Sinn der Weih*nacht* zu sehen. Einige schaffen es dennoch!

Wenn Sie eine Kirche aufsuchen, dann achten Sie bitte genau auf die Weihnachtsgeschichte des Evangelisten Lukas! Die Sprache ist sehr sachlich: Gebot, Schätzung, gebären, Windeln, Krippe, Herde – nichts fällt aus dem Rahmen, kein Wort zeigt eine Besonderheit an!

Behördenwillkür wird da beschrieben. Eher Aktenaufzeichnung und Chronik als fromme Legende.

Und dann kommt plötzlich eine Gegenbewegung in Gang: Freude, Gott, Heiland, Zeichen, Wohlgefallen, Herzen – die andere Lebenswirklichkeit wird deutlich gemacht: Gott begibt sich unter diese Menschen. Und was meinen Sie, was das damals für Zeiten waren!

Dank eines römischen Schreiberlings, der über die Schätzung des Kaisers nach Rom berichtet, ist der Nachwelt ein Brief aus dieser Zeit erhalten. Darin heißt es u. a.: »Die römischen Steuerbeamten erschienen allerorts und brachten alles in Aufruhr. Die Äcker wurden Scholle für Scholle vermessen, jeder Weinstock und Obstbaum wurde gezählt, jedes Stück Vieh wurde registriert und die Kopfzahl der Menschen genau notiert. In den Städten wurden die Städter und Dörfler zusammengetrieben, alle Marktplätze waren verstopft von herdenweise aufmarschierenden Familien, jedermann erschien mit der ganzen Schar seiner Verwandten und Kinder, überall hörte man die Schreie derer, die mit Folter und Stockschlägen verhört wurden. Man spielte Söhne gegen Väter aus, die Frauen gegen ihre Ehemänner. Wenn alles durchprobiert war, folterte man die Steuerpflichtigen, bis sie gegen sich selbst aussagten, und wenn der Schmerz gesiegt hatte, schrieb man steuerpflichtigen Besitz auf, der gar nicht existierte. Es gab keine Rücksichtnahme auf Alter und Gesundheitszustand.«

So etwas zu lesen ist nicht leicht. Es befreit uns aber von dem ganzen Zuckerguss, der über die Weihnacht gegossen wurde. In dieser Welt kommt Gott zu uns Menschen. Dieses Licht, vom Stern von Bethlehem ausgehend, erreicht die Lebenswirklichkeit der Menschen auch heute noch. Dieses Licht wärmt die Menschen, für die Jesus auch noch eine Bedeutung hat, wenn er nicht mehr in die Krippe passt. Auf dem Weg zur wahren Weihnacht hin wollen wir uns deshalb von Paul Celan trösten lassen: Also stehen noch Tempel. Ein Stern hat wohl noch Licht. Nichts, nichts ist verloren.

## Die Hoffnung Hölderlins, die bleibt

Am 1. Januar des Jahres 1901 standen in der »Chicago Tribune«, einer der großen Zeitungen Amerikas, folgende Gedanken:

*Das 19. Jahrhundert geht von der Bühne ab, das 20. tritt ein. Der phantastische materielle Fortschritt des 19. Jahrhunderts wurde von einer langen Kette von Segnungen begleitet.*

*Das Jahrhundert war Zeuge der wachsenden Freiheit des Geistes, der Erziehung und der Religion; es war Zeuge umfassender Verbesserungen des Lebensstandards und der Verlängerung der Lebensspanne durch Hygiene und ärztliche Kunst. Aber es hat seine Vorgänger weder in der Gestaltung des Schönen noch im Fortschritt der Kunst, der Architektur, Musik und Literatur übertroffen.*

*Vielleicht wird das 20. Jahrhundert einen Wandel bringen. Das ausschließlich Materielle mag weniger Aufmerksamkeit beanspruchen, der Mammon mag weniger hoch eingeschätzt werden.*

*Das Schöne kann das Nützliche übertrumpfen. Der menschliche Geist, des Materiellen müde, wird sich vielleicht höheren Dingen zuwenden.*

*An der Schwelle des 20. Jahrhunderts sieht es so aus, als könne es das Jahrhundert der Humanität und der Brüderschaft aller Menschen werden, eine Leistung, die großartiger wäre als alle Entdeckungen der Wissenschaft und alle Triumphe der Kunst.*

1. Januar 1901 und 31. Dezember 1999. Der Bogen schließt sich. Morgen beginnt 2000. Ob das dritte Jahrtausend nach Christus in der nächsten Nacht beginnt oder erst in der Nacht des 31. Dezembers 2000, wie es Mathematik und Chronologie nahelegen würden, soll bei diesen Gedanken

keine Rolle spielen. Auf der Ebene der Symbolik sind Mathematik und Chronologie eine Frage der Meinung. Und die Zwei mit den drei Nullen hat, das ist uns deutlich, etwas Symbolisches an sich! Jeder Jahreswechsel ist ein Gang über eine Schwelle. Wir verlassen einen Raum, der mit seinen Erinnerungen ein Raum unseres Lebensgebäudes bleibt – und betreten einen neuen Raum, von dem wir nicht wissen, was wir in ihm erleben oder ob wir in ihm gar bis zur nächsten Schwelle kommen. Ein Jahr, das in sich abgeschlossen ist, ist nicht verschwunden. Es gehört zu unserer Biographie, man erinnert sich – und es bleibt prägend. Mit den abgeschlossenen Jahrhunderten verhält es sich anders.

Jahrhunderte scheinen, im Rückblick, wie Stämme zu sein, die zum Floßbau zusammengebunden werden. Sie stehen nicht in unmittelbarer Beziehung zueinander. Sie wollen nichts voneinander wissen. Die Geschichte des 20. Jahrhunderts hätte sonst anders ausgesehen! Bei mir stellt sich, wenn ich die Zeilen des Schreibers aus der »Chicago Tribune« lese, eine Mischung aus Melancholie und Bitterkeit ein. Es ist nicht ein »Jahrhundert der Humanität« gewesen. Im Gegenteil, der Humanismus ist in diesem Jahrhundert u. a. im Archipel Gulag erfroren und in Auschwitz vergast worden. Auch das nächste Jahrhundert wird Verbrecher hervorbringen und Völker, die hinterher sagen: »*Das* haben wir aber nicht gewollt.«

Und *dennoch* gilt die große Hoffnung des Dichters Friedrich Hölderlin, der 1843 in Tübingen starb: »Wo aber Gefahr ist, da wächst / Das Rettende auch.« Das letzte Jahrhundert hat auch Menschen hervorgebracht, die *Zivilcourage* hatten. Gebe Gott, dass Mütter diese auch im nächsten Jahrhundert gebären können. Bis eines Tages Zivilcourage nicht mehr von Nöten ist, weil der Mensch mit dem zufrieden ist, was er hat.

## Erwin und Egon im Krankenhaus

Diese Geschichte ist für Menschen, die zur Zeit im Krankenhaus liegen; für Leser, die schon mal im Krankenhaus lagen, und für die, die sich vorstellen können, einmal ins Krankenhaus zu kommen. Von dieser Geschichte hörte ich kürzlich, und gerne gebe ich sie weiter:

Der Busfahrer Erwin wurde im Krankenhaus täglich von seiner Frau besucht. Er lag in einem Zweibettzimmer. Sein Bettnachbar hieß Egon. Schon beim zweiten Besuch steckte Erwin seiner Frau einen Zettel zu. Offenbar stand etwas darauf, das Egon nicht hören sollte.

Erwins Frau las gleich auf dem Flur, als sie das Zimmer verlassen hatte: »Der Egon ist ein komischer Kauz, aber fang bitte nicht an, über ihn zu lachen, wenn du hier bist. Gleich am ersten Abend hat er um Verständnis ersucht, dass er laut betet. Na ja, ich habe nichts dagegen. Aber wenn du hörst, was er Gebet nennt, wunderst du dich. Es nimmt kein Ende…«

Beim nächsten Besuch unterhielten sich Erwin und Egon über die neue Fernsehserie »Big Brother«. Die Gesellschaft wird immer kranker. Bald wird es wohl eine Sendung geben, bei der zehn Freiwillige gesucht werden, die mit einem Flugzeug abstürzen. Neun Fallschirme gehen aber nur auf…

Von den Neunen, die lebend unten ankommen, bekommt jeder dann eine Million. Freiwillige als Freiwild – erlegt durch das Geld.

Im zweiten Brief stand: »Egon kann die halbe Bibel auswendig. Ich meine, ich hab' im ganzen Leben noch nicht so oft den Namen Jesus gehört wie jetzt in den paar Tagen. Er redet mit Gott, als telefoniere er mit einem Freund.«

Tags darauf hatte auch Egon Besuch von seiner Frau. Sie küsste ihren Mann beim Abschied und sagte: »Bleib behütet.«

Nach einer Woche setzte Erwin seine Briefpost fort. »Egon geht es nicht gut. Er muss noch mal operiert werden.

Im Gebet sagte er: Du bist meines Lebens Kraft. Vor wem sollte mir grauen? Du führst mich durchs dunkle Tal. Ich fürchte kein Unglück, denn du bist bei mir. Meine Seele hängt an dir, und in deinem Haus werde ich bleiben – immerdar.

Siehst du, ich kann Egons Gebet auch schon auswendig. Ich habe Egon am Anfang einen komischen Kauz genannt. Das war nicht fair von mir.

Er ist ein sehr glücklicher Mensch, obwohl es ihm so schlecht geht. Wenn er hier noch mal rauskommt, werden wir ihn und seine Frau zu uns einladen. Ich habe den Eindruck, uns fehlt etwas, das Egon hat. Dabei ist er es, der sagt: ›Es ist gut, dass wir uns begegnet sind.‹«

## Wenn die alte K. Geburtstag hat

Ein Geburtstag, missmutig-gleichgültig verdrängt, still begangen oder mit lautem Remmidemmi gefeiert, zeigt immer eines: Jemand ist am Leben. Die Grundhaltung zur eigenen Existenz und dem Älterwerden ist allerdings unterschiedlich – ablehnend, desinteressiert, zurückhaltend-genießerisch oder eben begeistert. Pfingsten nun hat die alte K. Geburtstag. Menschliche Gemeinschaft ohne sie kann ich mir gar nicht mehr vorstellen. Sie ist alt, aber nicht museal. Von den Menschen wurde sie oft verkannt. Die Machtbesessenen werfen ihr Machtmissbrauch vor. Die Lügner sagen, sie lügt. Die Nichtssagenden sagen nichts. Von ihren Kindern oft ausgenutzt und von den Partnern bloßgestellt feiert sie trotz alledem Pfingsten Geburtstag: die Kirche.

Geburtstag feiern heißt da sein, existieren mit Sinn(en) und Verstand. Ein Blick in die Zukunft gehört dazu. Am ersten Pfingstfest sind die Männer und Frauen Jesu mit dem Anspruch aufgetreten: Wir haben etwas zu sagen, was einzelnen ebenso dient wie menschlicher Gemeinschaft. Es drängt sie, der ganzen Welt zu sagen, wie man erwachsen werden, Verantwortung übernehmen und sich zugleich geborgen und gut aufgehoben fühlen kann. Wie Kind, Frau und Mann lernen können, zu ihren Gefühlen zu stehen, ihren Kopf zu gebrauchen, gute Wege weiterzugehen und eingefahrene oder falsche Gleise zu verlassen. Wie sie lebens- und liebensfähig werden über ihre eigenen Grenzen hinaus.

Pfingsten zweitausend können Christen in der ganzen Welt als lebendigen Geburtstag feiern. Begeistert von einer Geistesgegenwärtigkeit, die nicht dem Zeitgeist unterworfen wird. Hätte sich die Kirche immer an den Zeitgeist gehangen, wäre der Geburtstag längst zum Gedenktag geworden. Wer immer nur mit der Zeit geht, der geht mit der

Zeit. Die Kirche bleibt, weil in ihr Menschen befähigt werden, Lebensmut zu geben aus den drei Quellen, welche die Kirche bewahrt: Glaube, Liebe und Hoffnung. Sie sprudeln gegen den Strom, der Abstumpfung, Routine und Gleichgültigkeit heißt.

Pfingsten, das wunderbare Geburtstagsfest, lädt auch die ein, die sich sonst ausgeladen fühlen. Weihnachten und Ostern sollten die Heiden konsequenterweise arbeiten gehen. Pfingsten aber soll der geistreichen Verständigung dienen. Mit dem Mut, alte Lasten abzuwerfen, aus sich herauszugehen, auf andere zuzugehen, zu verstehen und – verstanden zu werden. Das gilt für die Christen aller Konfessionen – und für die Schaulustigen.

## Hauptsache gesund!?

Zum Geburtstag werden diese beiden Worte häufig gesagt – Hauptsache: gesund! Ein begreiflicher Wunsch, und doch wird mir dabei immer mehr fraglich, ob ich mir oder anderen das wünschen sollte.

Gesundheit ist wichtig, keine Frage. Ich freue mich, wenn ich nicht durch Krankheit eingeschränkt leben muss. Es hat auch seinen guten Sinn, in der Lebensweise auf die Gesundheit Rücksicht zu nehmen. Über so manchen Patienten sagen die Ärzte: »Geraucht, gerackert, gesoffen – und alles nun vom Doktor hoffen.« In jeder Ironie steckt ein Körnchen Wahrheit. Viele Menschen leben die ersten fünfzig Jahre auf Kosten ihrer Gesundheit. Wenn es daran geht, den zweiten Fünfziger zu wechseln, scheuen die keine Kosten, um ihre Gesundheit wieder zu erlangen. Doch meist geht die Rechnung nicht auf.

Meine Frage geht aber dahin: Ist die selbstverständliche Betonung der Gesundheit nicht auch eine Gefahr? Verbaue ich mir damit möglicherweise die richtige Begegnung mit einer Krankheit? Diese kommt meistens unerwartet. Ich habe dann so viele andere Vorhaben, dass ich sie zu verdrängen suche. Es ist aber ebenso normales menschliches Leben, durch plötzliche oder langwierige Krankheit eingeschränkt zu sein.

Die Kunst der Ärzte vermag weiterhin zu helfen, aber eben nicht immer, oft auch nicht so schnell wie gewünscht. Es kommt jedoch darauf an, ob der betroffene Mensch sich seiner Situation bewusst ist oder sich in wütendem Protest wehren möchte. Warum muss das gerade mir passieren? Ich war noch nie richtig krank! Wie soll ich denn nun sinnvoll weiterleben? Statt solchen Protesten sollte ich fragen: Wie kann ich die Anstrengungen herausziehen und danach sehen, was mein Körper jetzt braucht?

Das ist aber nur die eine Seite. Dazu kommt die biblische Botschaft an mich und jeden einzelnen Menschen: Gott bewahre! Er garantiert mir keinen reibungslosen Lebensweg. Aber ER begleitet mich durch alle Höhen und Tiefen. Das ist das Wichtigste, dass ich vor allem in IHM geborgen bleibe (Vergleiche Psalm 23) und weiß, nichts kann mich von Gott trennen. So kann ich sagen: Hauptsache behütet und dann hoffentlich auch gesund. Schließlich gibt es noch einen weiteren Grund, mit dem Wunsch »Hauptsache gesund« vorsichtig zu sein. Es kann mir ja durchaus jemand begegnen, der unerkennbar krank ist, davon auch nicht reden möchte und durch solch einen Wunsch dann in seiner Verzagtheit möglicherweise noch bestärkt wird.

## Schieß nur auf deine Freunde

Dirk hat eine Pistole. Damit spielt er viel. Seine Mutter hat sie ihm im Spielzeugladen gekauft: »Ist doch das Richtige für einen Jungen«, sagt sie. Man gibt Kapseln hinein, die knallen, wenn man abdrückt. Dirk ist noch zu klein, um mit dem Finger an den Abzug zu kommen. Er schafft es nur hin und wieder.

Er lungert und lauert vor dem Haus seiner Eltern, um Vorbeigehende »abzuknallen«. Da kommt einer, den er nicht kennt. Dirk zielt auf den Mann und drückt ab. Es knallt. Der Mann lächelt. Im nächsten Augenblick greift er sich an die Brust, stolpert zwei Schritte – und fällt auf dem Vorrasen zu Boden. Es ist still. Dirk schaut und wartet. Der Mann rührt sich nicht.

Dirk beginnt, von einem Bein auf das andere zu treten. Dann fängt er an zu brüllen! »Mama … er … ist … tot. Ich hab … ich habe … geschossen … und da … ist er … Maaaama!« Die Mutter stürzt aus dem Haus. Der Nachbar kommt dazu.

Der Junge, die Mutter, der Nachbar und ein Mann auf dem gepflegten Vorrasen – liegend. Der Nachbar nimmt die Pistole in die Hand, betrachtet sie fachkundig, gibt sie zurück. »Völliger Unsinn«, sagt er, »Spielzeug. Da kommt nichts raus.« Er geht zu dem liegenden Mann. »Was ist los mit Ihnen?«, fragt er streng. »Ist Ihnen nicht gut?« Keine Antwort.

Der Nachbar fragt Dirk, was er gemacht hat. »Lassen Sie ihn in Ruhe«, sagt die Mutter, »er hat gespielt – wie immer.« – »Er ist ohnmächtig«, sagt der Nachbar. »Vielleicht hat er sich erschrocken. Schwaches Herz. Sowas gibt's. Stand doch in der Volkszeitung. Letzte Woche gab es in der Reha-Klinik einen Tag der offenen Tür – zum Thema *Herz*.« Die Mutter schaut den Nachbarn an – abwesend, abweisend. Mittlerweile kommen Neugierige dazu. »Was ist hier los?«, fragen sie. »Dirk hat auf den Mann hier geschossen«, sagt der Nachbar. Die Mutter schraubt die Stimme hoch: »Geschossen? Er hat gespielt!« – »Er ist tot«, schreit Dirk – und heult.

Da erhebt sich der Mann auf dem Rasen. Klopft seine Hose sauber und lächelt freundlich. Die Stimme von Dirks Mutter überschlägt sich: »Eine Gemeinheit! Mein Kind bekommt einen Schock fürs ganze Leben! Ich zeige Sie an!« – »Ich verstehe Sie nicht«, sagt der Mann, »Ihr Kind wollte doch mit mir spielen.« – »Stimmt nicht«, brüllt die Mutter, »er wollte nur auf Sie schießen!« – »Genau«, sagte der Mann. »Der Kleine schoss auf mich – und will natürlich, dass ich umfalle. Da ich gerade Zeit habe, dachte ich: Tust du ihm den Gefallen.«

Der Mann erwähnte noch, es tue ihm leid, dass der Junge so einen Schreck bekommen habe. Vielleicht solle ihn die Mutter mit etwas anderem spielen lassen. Etwas ohne Gewalt! Schließlich beginne am Sonntag die Friedensdekade – mit dem Thema: Frieden stiften!

»Es geht Sie einen Dreck an, was mein Kind spielt«, rief die Mutter, »komm, Dirki – hier ist deine Pistole, komm ins Haus. Schieß in Zukunft nur noch auf deine Freunde.«

## Ouvertüre zum Jahresbeginn

Ouvertüren zum Neuen Jahr erklingen in diesen Tagen viele. Nicht nur die musikalischen sind beschwingt, auch die politischen strömen selbstverständlich wieder Hoffnung und Zuversicht aus.

Nun ist beides gut und wichtig zugleich, denn vielen Menschen in Stadt und Land ist beileibe und bei Verstand nicht nur beschwingt zumute. Die zahlreichen Neujahrsempfänge in diesen Tagen sind ja auch lieb gewordene Rituale. Man trifft sich und sieht sich und klopft sich auf die Schulter und freut sich, dass man noch dabei ist. Die, die weniger Grund zur Freude haben über das begonnene Neue Jahr, werden zu solchen Ereignissen sowieso nicht eingeladen. Darum ist es auch nicht verkehrt, heute an einen Betriebsunfall zu erinnern. Sie werden sich erinnern: Silvester 1986 strahlte das Fernsehen versehentlich die Ansprache des Bundeskanzlers vom Vorjahr aus. Das war mehr als eine peinliche Panne. Denn es wurde deutlich, wie ähnlich sich solche Reden zur Jahreswende sind. Es war auch nicht zu übersehen, wie wenig von vollmundigen Versprechungen nachgeblieben war; nicht einmal sie hatten überlebt.

Mit unseren guten Vorsätzen zum Neuen Jahr geht es uns oft ähnlich. Wir brauchen uns ja nur zu erinnern, was aus unseren Vorsätzen zum vergangenen Jahr geworden ist. Wir können wohl schwer anders, wenn das Neue Jahr wie ein unbeschriebenes Blatt vor uns liegt. Doch manche sind auch ein bisschen schlauer geworden durch die Erfahrungen des vergangenen Jahres – das wäre ja schon was, nicht wahr? Wenn auch neben der Erfahrung die Weisheit wachsen würde! Manche sind nachdenklich geworden: Werde ich dieses Jahr noch ganz erleben? Wen werde ich verlieren? Was wird gelingen? Wo wird es Enttäuschung geben? Es ist hilfreich, sich solchen Fragen zu stellen. Es führt nämlich im Endeffekt dazu, dass ich jeden Tag meines Lebens, all mein Tun und alles, was ich bin und habe, als Geschenk entgegennehme und nicht als Selbstverständlichkeit. Das entlastet und hilft zu einem befreiteren Umgang mit dem, was da kommen wird und soll.

Beim Rückblick auf das Vergangene wird uns deutlich, dass unser Leben mehr war als äußerliche Fakten, Daten und Ereignisse, die man in einem Lebenslauf verankern könnte. Unser Leben ist doch mehr als das, was vor Augen ist. Da sind unsere Gefühle und unsere Empfindungen, da sind unsere Gedanken und die nicht ausgesprochenen Worte. Da sind unsere Hoffnungen und unsere Träume, all das gehört zu unserer Persönlichkeit und zu unserem Leben dazu, mehr noch als die äußeren Erfolge, die Daten und Termine im Jahreskalender eines Lebens.

Es soll uns ja nicht so ergehen wie jenem Mann, von dem hier noch kurz berichtet werden soll. Er hatte einen Kalender. Dieser war so gestaltet, dass auf jeder Seite Platz war, um die Termine der Woche unterzubringen. Irgendwann merkte er, dass die Termine sich häuften. Da kaufte er sich einen Kalender, bei dem auf jeder Seite Platz für die Termine des Tages war. Es blieb nicht aus: Er wurde in ein weiteres Gremium gewählt. Er bekam ein neues wichtiges Ehrenamt. Er wurde der Jugend als Vorbild hingestellt…

Da ließ er sich einen Kalender besorgen, der die Tage in Stunden unterteilte. Nun hatte er noch weniger Zeit für seine Familie, für absichtsloses Wandern in der Dübener Heide, für ein Abendessen ohne geschäftlichen Hintergrund. Selbst die flachen Steine, die er früher gerne über die Mulde warf, müssen am Ufer liegen bleiben. Die Termine machte eine Sekretärin. Wenn er bei einem Termin ist, fragte er schon, wo denn der nächste Termin sei.

Eines Abends sprach Gott zu ihm: Du Narr! In dieser Nacht stehst du in meinem Terminkalender.

## Sie sehen heute aber schlecht aus

Ein Lehrer bereitete seinen Schülern erheblichen Kummer. Er ließ sie andauernd spüren, dass sie nichts wissen, dass sie faul sind und dass aus ihnen sowieso nichts wird. Er quälte sie mit totem Fachwissen und drohte mit dem Senken der Punktezahl, wenn ihn eine Diskussion nervte.

Irgendwann überlegten die Schüler, wie sie ihrerseits dem Lehrer Kummer bereiten könnten. Aus einer älteren Jahrgangsstufe hatte schließlich einer der Schüler eine Idee. »Wir verfahren so«, sagte er, »morgen kommen wir zum Unterricht und einige von uns sagen: Guten Morgen. Ist Ihnen nicht gut, Herr Lehrer? Sie sehen heute aber schlecht aus.« So geschah es am nächsten Tag. Mehrmals wurde der Lehrer angesprochen: Ist Ihnen nicht gut? Brauchen Sie ein Glas Wasser? Sind Sie krank? Sie sehen heute aber schlecht aus... »Nein, es ist nichts, ich bin völlig gesund«, erwiderte der Lehrer. Doch schon bald beschlich ihn der Zweifel. Er stand den ganzen Vormittag neben sich.

Am Nachmittag kam er nach Hause. Seine Frau begrüßte ihn fröhlich: »Schön, dass du schon da bist. Komm, wir fahren zur Buchmesse nach Leipzig!« – »Na, sag mal«, spricht der Lehrer, »siehst du nicht, was mit mir los ist? Ich kann mich kaum noch auf den Beinen halten.« Seine Frau war überrascht: »Nein, du siehst völlig normal aus!« Da wurde der Lehrer wütend: »Da müssen erst fremde Leute merken, wie es um mich steht, und mich bemitleiden. Und die eigene Frau sieht nicht, wie schlecht es mir geht!« Sprach's – und verschwand ins Bett.

Am nächsten Morgen rief er bei der Schulleitung an, er sei krank. Die Schüler freuten sich sichtlich. Sie hatten intuitiv erkannt, dass etwas schlechtreden seine Wirkung nicht verfehlt.

Es ist in unserer Gesellschaft ein Gesellschaftsspiel geworden, fast alles schlechtzureden! Sätze wie die folgenden bestimmen den Alltag: Das bringt nichts. Das wird nichts. Das hat keinen Sinn. Das war bisher auch nicht so. Das ist zum Scheitern verurteilt. Da kann man sowieso nichts machen. Auf dich haben wir gerade noch gewartet. Der kocht auch nur mit Wasser. Es wird immer weniger. Das sieht sehr schlecht aus…

Irgendwann wird es so, wie man es sagt! Unsere Zeit ist nicht frei von Problemen. Doch die meisten Probleme bereiten wir uns selbst, indem wir nicht gelten lassen, was andere leisten. Der Kreislauf des »klagenden Feilschens«, wem es denn nun schlechter gehe, muss durchbrochen werden, damit neue Ideen und Visionen Raum gewinnen können. Unvergesslich bleibt in diesem Zusammenhang die im Leipziger Gewandhaus ausgesprochene Einladung Michael Gorbatschows, die Deutschen, die überall Probleme sähen, mögen mit nach Russland kommen – dort warteten wahre Probleme im Überfluss, die den Überdruss der Menschen hier relativieren würden.

## Entdeckt, aber nicht richtig hingesehen

Christoph Kolumbus hätte heute seinen 550. Geburtstag. Sein Name wird mit der Entdeckung Amerikas in Verbindung gesetzt. Die Welt wurde größer. Geleitet von einem Prophetenwort aus dem Jesajabuch des Alten Testamentes, »Wir hören Lobgesänge vom Ende der Erde« (Jesaja 24,16), machte er sich auf, um Indien zu entdecken. Doch das Gefundene ist nicht immer das Gesuchte! Kolumbus entdeckt Amerika, denkt, er ist in Indien, und nennt demzufolge die Einwohner *Indianer*.

Manchmal kommt man an Orte, zu denen man gar nicht wollte. Und doch gibt es überall etwas zu entdecken. Unsere Sprache wird allerdings von einer Art »Besatzermentalität« geprägt: »Kolumbus entdeckte Amerika«, sagen wir. Es könnte ja auch heißen: Die Ureinwohner entdeckten Kolumbus, mit großer Verwunderung.

Doch in der Sprache regelt sich bis heute vieles: Der Westen entdeckt den Osten. Daher werden es immer die »fünf neuen Bundesländer« bleiben, obwohl Sachsen älter als das Saarland ist. Selbst der Kanzler war auf Entdeckungsreise im Osten und hat dort Cousinen »ausgegraben«. Kolumbus wurde später in Ketten gelegt und aller seiner Ämter enthoben. Dies Schicksal bleibt Gerhard Schröder hoffentlich erspart. Ich wage aber nicht zu mutmaßen, wie in fünfhundert Jahren über unsere Zeit geredet wird. Wenn wir Pech haben, werden wir alle verflucht. Die Welt ist seit Kolumbus zwar größer geworden, und doch ist sie ein globales Dorf. Für Bananen braucht man nicht reisen, und der Kaffee ist nicht aus Europa, also kostet er auch nicht 70 DM pro Pfund.

Globalität ist auch täglich in den Nachrichten zu verfolgen. Wir hören am Abend von Tunnelunglücken in Österreich, Flutkatastrophen in Indien, Hochzeiten in Norwegen oder Weltrekorden in Ungarn. In unserer weltlichen Dorfgemeinschaft sind wir eins vor allem: informiert. Aber das Bild von der »Welt als Dorf« ist noch komplexer. Manfred Naef, ein Mitglied des Club of Rome, hat es entwickelt: Stellen wir uns die Welt als einen kleinen Ort mit 1000 Einwohnern vor. In diesem Dorf leben 564 Asiaten, 210 Europäer, 86 Afrikaner sowie 80 Süd- und 60 Nordamerikaner. 300 der 1000 Einwohner sind Christen (darunter 183 Katholiken und 84 Protestanten). 175 Einwohner sind islamischen Glaubens, 128 Hindus, 55 Buddhisten, 47 Animisten, und 210 gehören keiner Religionsgemeinschaft an.

Bis dahin macht das Dorf äußerlich einen ganz guten Eindruck. Aber schauen wir uns nun einmal seine innere Verfassung etwas genauer an. In diesem 1000-Seelen-Ort verfügen 60 Einwohner über 50 Prozent der gesamten Einkünfte, die anderen 940 müssen die verbleibende Hälfte unter sich teilen. 500 werden am Abend nicht satt und wissen nicht, was ein Kühlschrank ist, 600 leben in Slums, und 700 können weder lesen noch schreiben. Wir hören Klagegesänge von den Enden der Erde. Eines Tages wird das Klagen über unsere eigene wirtschaftliche Misere als Schauspielerei enttarnt. Wenn dies die »Armen« entdecken, können wir in Deckung gehen.

## Was der Mensch sät, das wird er ernten

Diese Aussage aus dem Paulusbrief an die Bewohner in Galatien ist einleuchtend. Eine bleibende Wahrheit schimmert durch die Menschheitsgeschichte seit zwei Jahrtausenden. Sie erreicht auch uns und führt uns vor Augen, dass es einen Zusammenhang geben kann zwischen dem, was wir tun, und dem, was wir erfahren. Morgen, am Erntedanksonntag danken wir für die Früchte der Felder und Gärten.

Es geht uns aber auch um die Früchte, die im Garten des Mitmenschen wachsen!

Wir sehen, wie in der Welt und in unserer Umgebung unterschiedliches Saatgut aufgeht. Langfristig wird es sich garantiert zeigen: Wer Egoismus sät, wird Einsamkeit ernten. Wer Terror sät, wird Ausgrenzung ernten. Wer Gleichgültigkeit sät, wird Ohnmacht ernten.

Es gibt aber auch das Positive: Wer Zuwendung sät, wird Dankbarkeit ernten. Wer Versöhnung sät, wird Frieden ernten. Wer Hoffnung sät, wird Lebensfreude ernten. Ernten wir eigentlich lieber, ohne die Mühen des Säens und Pflanzens auszuhalten? Obst, Gemüse und andere »Früchte« ernten wir das ganze Jahr, für wenige Münzen in einschlägigen Märkten, ohne zu reflektieren, wie, woher und wofür diese Gaben dorthin gelangten. Die Selbstverständlichkeit lässt uns vergessen, dass dies alles nicht selbstverständlich ist! Der Erntedanktag bietet die Möglichkeit, wieder aufmerksam zu werden für die grundlegenden Gaben des Lebens. Aufmerksam war auch der junge Mann, der vor kurzem einen kleinen Laden betrat. Hinter der Theke stand ein Engel. Hastig fragte der Mann: »Was verkaufen Sie hier?« Der Engel antwortete freundlich: »Alles, was Sie wollen.«

Der Mann begann hastig aufzuzählen: »Ich möchte das Ende der Kriege, bessere Bedingungen für die Randgruppen unserer Gesellschaft, weniger Neid und Gier, Eltern, die mehr Zeit für ihre Kinder haben, helle Zimmer für alle, Arbeit je nach Talent, mehr Gemeinschaft untereinander, und … und … und …«

Da fiel ihm der Engel ins Wort: »Entschuldigen Sie, junger Mann, Sie haben mich falsch verstanden. Wir verkaufen keine Früchte, wir verkaufen nur den Samen.«

Was der Mensch sät, wird er ernten.

## Das Geheimnis in der Dübener Heide

Wir stehen immer noch am Beginn des neuen Jahres. Mit unserem Bündel Verantwortung sind wir wie in einem Wald bei Nacht. Ohne Licht und Weg, ohne Kompass und Uhr. Was gilt? Wir kennen die neuen Preise, aber wir haben die Werte vergessen.

Vor vielen Generationen gab es untereinander eine geheime Absprache, an die die Menschen sich hielten, weil sie ihnen besonders *wert*voll war: In der Dübener Heide befand sich ein Ort, an dem man zu einer bestimmten Stunde ein Feuer entzünden musste. Wenn man dort ein Gebet sprach, wurde einem Hilfe zuteil. Irgendwann hatten die Menschen die Stunde vergessen. Sie gingen in die Dübener Heide an den Ort zu einer beliebigen Stunde, entzündeten ein Feuer, sprachen ein Gebet und erlebten die Hilfe.

Dann wuchs eine Generation heran, die nicht mehr den Ort in der Dübener Heide überliefert bekam (Tradition kommt von »traditio« und bedeutet *Überlieferung*!). Sie gingen in die Dübener Heide, entzündeten irgendwo ein kleines (!) Feuer, sprachen ein Gebet und bekamen Hilfe. Schließlich wurde eine Generation ins Leben gerufen, die sich nicht mehr aufmachte. Die Menschen entzündeten zu Hause ein Feuer, beteten und spürten die seelische Kraft. Wiederum eine Generation später wurde kein Feuer mehr entzündet – aber noch gebetet. Das ist die Generation, die jetzt langsam ins Grab sinkt! Ich höre das immer wieder: »Die Großmutter hat noch mit uns gebetet. Der Opa hat uns in der Dämmerstunde Geschichten aus der Bibel erzählt. Die Eltern haben irgendwann gesagt, das sei alles Quatsch. Scheinbar aufgeklärt haben sie abgeklärt ihre Wurzeln der abendländischen Kultur durchtrennt.« Die christlichen Großeltern sterben aus. Die Dübener Heide wird zum Heidenland…

Doch es gibt einige, die kennen die Geschichte noch: von der Dübener Heide, der Uhrzeit, dem Ort, dem Feuer, dem Gebet und der daraus resultierenden Hilfe... Und: Eigenartigerweise – wenn sie sich diese Geschichte weitererzählen, spürt man etwas von der Hilfe, die sich über das Erzählen einstellt!

Ich kann Ihnen versichern: Es wird irgendwann eine Generation da sein, die sich wieder aufmacht, um den Ort zu finden, die Uhrzeit zu bestimmen, das Feuer neu zu entfachen und sich versucht im Beten einzuüben. Bereiten *Sie* für diese Generation den Boden? Wenn »Ja«, alles erdenklich Gute für Sie in diesem neuen Jahr, falls wir uns noch nicht gesehen haben.

## Das Osteralphabet

Dieser Sonntag nach Ostern wird auch »Kleine Ostern« genannt. Und falls für Sie Ostern noch nicht abgehakt wurde, soll dies Alphabet Sie an Ostern erinnern:

A – steht für die Auferstehung, für das Andere, für den Anfang der neuen Hoffnung nach der Angst und allem Aberglauben zum Trotz. B – gilt für die Barmherzigkeit in den Zeiten der Egokratie. C – lehnt sich an die Christen an, die von den Worten und Taten Jesu etwas in der Welt umsetzen wollen. Das D will ein DU sein, denn jedes ICH braucht ein DU, um ein ICH zu sein. Mit E und F gehen Erlösung und Freiheit einher und das Bewusstsein, nicht mehr jedem Zwang erliegen zu müssen. G – ist die Gelassenheit, die man (und frau) benötigt, um Menschen zu meiden, die eine Plage für das Gemüt sind. Und im H bleibt die Hoffnung lebendig, dass wir uns wiedersehen. Mit I und J lassen sich die Ideale Jesu verbinden, die alle Diktaturen überdauern. Wir haben es zweimal im letzten Jahrhundert erlebt! K – soll die Kirche meinen, die nur eine Daseinsberechtigung hat, wenn sie das Alphabet bis hierher durchbuchstabieren kann, und L steht für die Liebe und das Eintreten gegen die Lüge.

Das M – welches in seinem Ursprung nicht gelb war – klagt die Menschlichkeit ein, und N verdeutlicht die Nähe, die aufgebracht werden muss, um den Neid zu verringern. Das O – ist für die prinzipielle Offenheit. Aber nicht für alles offen sein! Wer für alles offen ist, der ist nicht ganz dicht. P – wie Partner, trotz aller Konkurrenz, und Q – die Quelle, zu der es immer zurückzukehren gilt, denn nur tote Fische schwimmen mit dem Strom. R – meint unsere Rede und dass ein Ja ein Ja sein soll und unser Nein ein Nein. Mit dem S können wir springen – über unseren eigenen Schatten. Und mit dem T und dem U gehen Toleranz und die Unterscheidung der Geister einher. Ohne das V gibt es kein Verzeihen, kein Versöhnen und dadurch auch keine Verbundenheit und kein Vertrauen. Das W meint das wahre Ostern, das alle Osterware in der Haltbarkeitsdauer überdauert.

Mit dem X wollen wir vorsichtig umgehen, da manche es uns für ein U anbieten, um ihren Unfug mit uns zu treiben. Y – ist Ysop zur Leidensminderung. Und das Z entwickelt ohne Zweifel die Zärtlichkeit und das Zutrauen, damit in Zukunft nicht noch mehr zerstört wird.

## Was ist eigentlich das Leben?

Einst fragte ein junger Heidebiber seinen Vater: »Was ist eigentlich das Leben?« Der Vater hatte sich – neben all seinem Bauen – nie mit dieser Frage beschäftigt. Er wurde verlegen und schwieg.

Eine Rose entfaltete gerade ihre Knospe und schob behutsam ein Blatt ums andere heraus. Sie sprach: »Das Leben ist eine Entwicklung.« Weniger tief veranlagt war der Schmetterling. Lustig flog er von einer Blume zur anderen, naschte da und dort und sagte: »Das Leben ist lauter Freude und Sonnenschein.« Drunten am Boden schleppte sich eine Ameise mit einem Strohhalm ab, zehnmal länger als sie selbst, und sagte: »Das Leben ist nichts als Mühe und Arbeit.« Geschäftig kam eine Biene von einer honighaltigen Blume zurück und meinte dazu: »Das Leben ist ein Wechsel von Arbeit und Vergnügen.« Wo so weise Reden geführt wurden, steckte der Maulwurf seinen Kopf aus der Erde und sagte: »Das Leben ist ein Kampf im Dunkel!« Die Elster, die selbst nichts weiß und nur Spott für die anderen übrig hat, sagte: »Was ihr für weise Reden haltet. Man sollte meinen, dass ihr gescheite Leute seid!«

Es hätte einen großen Streit gegeben, wenn nicht ein feiner Regen eingesetzt hätte, der sagte: »Das Leben besteht aus Tränen, nichts als Tränen.« Dann zog er weiter zum Meer. Dort brandeten die Wellen und warfen sich mit voller Kraft gegen die Felsen, kletterten daran in die Höhe und warfen sich dann wieder mit gebrochener Kraft ins Meer zurück und stöhnten: »Das Leben ist ein stetes vergebliches Mühen nach Freiheit.« Hoch über ihnen zog majestätisch ein Adler seine Kreise, der frohlockte: »Das Leben ist ein Streben nach oben.« Nicht weit davon stand eine Weide, die hatte der Sturm schon zur Seite geneigt. Sie sprach: »Das Leben ist ein sich Neigen unter eine höhere Macht.«

Dann kam die Nacht. Im lautlosen Flug glitt ein Uhu durch das Geäst des Waldes und krächzte: »Das Leben heißt, die Gelegenheit nutzen, wenn die anderen schlafen.« Schließlich wurde es wieder still.

Nach einer Weile ging ein Mann durch die menschenleeren Straßen nach Hause. Er murmelte vor sich hin: »Das Leben ist ein ständiges Suchen nach Glück und eine Kette von Enttäuschungen.« Dann flammte die Morgenröte in ihrer vollen Pracht auf und sprach: »Wie ich, die Morgenröte, der Beginn des kommenden Tages bin, so ist das Leben der Anbruch der Ewigkeit.« Da wurde auch dem Biberjungen warm ums Herz, und er war zufrieden mit seinem Leben.

Ach ja..., der Biberjunge!

## Die Angst vor der Angst

Morgen beginnt in unserem Land die ökumenische Friedensdekade. Und das Motto ist eine einfache Frage: *Warum habt ihr Angst?* Jesus stellte diese Frage seinen Jüngern, als sie in Seenot geraten und dabei sind, zugrunde zu gehen. Zu Grunde (!) – im wahrsten Sinn des Wortes! Sie sitzen im Boot – und wer den festen Boden unter den Füßen verlassen hat, der begibt sich in Gefahr. *Warum habt ihr Angst?* Es geht um die Angst. Nicht die Angst, die salonfähig geworden ist: Die Angst vor den Spinnen und den Fliegen – oder die Angst vor dem Fliegen. Es geht um die Angst, die an der Seele nagt. So viele Menschen wollen nur noch bestätigt, befriedigt und eingelullt werden. Der Beschwichtigungsindustrie kann kein noch so schwerwiegendes Problem standhalten. Flüchtlingsströme, Flutkatastrophen, der Krieg um das Öl, die Existenzangst der Verschuldeten… – alles wird weggeschunkelt. Die Zerstreuungsindustrie fördert die Verleugnung. Zuversicht ist Pflicht. Angst ist verboten. Es ist die Okay-Moral. Alles okay? Ja, ja alles okay. Mir geht es gut! Man lächelt einander zu, so wie es auf hunderttausend Reklamepostern und Fernsehspots nur strahlend unbekümmerte und gesunde Gesichter gibt. In diesem hysterischen Theater gilt die Kultur der Unbarmherzigen, und das Programm(heft) ist nicht in Kapitel, sondern in Kapital gegliedert. Wer zugrunde geht, wird von der Bühne gefegt. Wer offen zeigt, dass er Kummer, Schmerz oder Angst hat, sollte nach Meinung vieler lieber nicht unter die Leute, besser gleich zum Arzt, Pfarrer oder Psychotherapeuten gehen. Natürlich soll für Kranke, Behinderte, Gebrechliche gesorgt werden. Aber man will möglichst wenig sehen. Was man nicht sieht, stört nicht die verleugnende Selbstsicherheit.

*Warum habt ihr Angst?*

Je hartnäckiger Angst verleugnet wird, umso eher bahnt sie sich mit Hilfe undurchschaubarer Mechanismen schädliche Wege.

Die Jünger auf dem See Genezareth machten vor zweitausend Jahren die Erfahrung: So wie sich der Sturm legt, so legt sich auch die Angst, wenn man sie aus sich herausruft. Sie müssen keine Angst vor der Angst haben! Wo bleibt die Angst, die zu rettender Vorsorge nötig wäre? Wo bleibt die fürsorgende, die liebende Angst? *Warum habt ihr Angst?* Am Ende sind es doch mehr Fragen als Antworten. Oder?

## Vieles müssen wir neu ansäen

Ich weiß ja nicht, ob das altmodisch ist. Aber ich beiße vor dem ersten Advent in keinen Dominostein. Ich esse noch keinen Spekulatiuskeks, und auch der Stollen wird erst am ersten Advent angeschnitten. Ich versuche zu warten. Alles zu seiner Zeit. Zu Seiner Zeit. Alles hat auch seine Zeit. Das weiß man doch. Das Lieben. Das Streiten. Das Zerreißen. Das Zunähen. Das Lachen. Das Weinen. Das Tanzen. Und auch das Adventsprogramm.

Bevor ich Theologie studierte, war ich im Einzelhandel beschäftigt und arbeitete mit 46 Frauen in der Kaufhalle »Aktivist«. Das war eine wunderschöne Zeit. Aber die Schokoladenweihnachtsmänner durften wir nicht vor dem vierten Advent verkaufen. Auf meine Nachfrage hin war die Begründung sehr simpel: Unsere Bevölkerung ist nicht diszipliniert genug. Sie würde die süßen Sachen sofort essen. Weihnachten ist dann alles alle. Die Bevölkerung darf am Fest nicht murren. Also begriff ich schon 1982: Wenn es genug Schokolade, Bananen und Fleisch gibt, murrt die Bevölkerung nicht so viel. Zwanzig Jahre später ist es etwas anders. Die Bevölkerung in unserem Land murrt jetzt auf einem sehr viel höheren Niveau. Nun kommt »alle Jahre wieder« die Adventszeit. Und sie kommt mit Macht. In den Kirchen wird von Ruhe und Frieden gepredigt. Und draußen gibt es Hetze und Stress, muffelige Gesichter und überforderte Menschen. Die beginnende Adventszeit soll Weihnachten vorbereiten. Auf Weihnachten hin wirken und nicht schon vor dem Fest (im Bilde gesprochen) das Gras auf den Feldern von Bethlehem abfressen. Wir heben uns nichts mehr auf. Alles muss gleich geschehen, sofort geordert und mit minimalem Aufwand genutzt werden. Zum Geburtstag gibt es Geschenke – wer schenkt eigentlich dem Geburtstagskind Jesus Christus etwas? Alles ist abgegrast. Die arme Maria bewegt mit ihrem Josef noch ein wenig das soziale Gewissen, beide erinnern an Menschen, die immer im Dienst sind. Wir werden mit diesen Menschen in Verbindung gebracht. Aber wer spricht davon, dass sie den Sohn Gottes begleiten? Alles ist abgegrast. Es sieht, bei Lichte gesehen, bei uns und in uns ziemlich kahl und abgefressen aus. Was können wir von dieser Adventszeit schon Neues erwarten? Ist nicht schon alles zerredet und übertönt worden? »Frieden auf Erden …« Wie geht das? So: »Das ewig Licht geht da herein und gibt der Welt einen neuen Schein.« Wir rechnen mit Gott, der dieses Leben geschaffen und uns darin gewollt hat. Wir orientieren uns an Jesus Christus, der uns in diesem Leben und sogar im Sterben hilft. Wir lassen uns leiten vom Heiligen Geist, der uns begleitet, der uns zum Leben begeistern kann und der uns hilft, damit wir nicht von allen guten Geistern verlassen werden. Wir können darüber staunen, dass wir immer noch beschenkt werden mit neuem Mut und der Fähigkeit zur Liebe.

Vieles müssen wir neu ansäen auf den abgefressenen Feldern unseres Lebens. Die Adventszeit eröffnet in jedem Jahr neue Möglichkeiten dafür. Lassen wir aber nicht nur Gras über die geschehenen Dinge wachsen. Auch Blumen!

## Gott lässt sich nicht spotten

Der Friede Gottes, der höher ist als alle Vernunft, bewahre unsere Herzen und Sinne in Christus Jesus. – Mit diesem Satz endet normalerweise jede Predigt in einer evangelischen Kirche.

Hier soll der Satz am Anfang stehen. Es geht nicht gegen die Vernunft, sondern um die höhere Vernunft, um die göttliche Vernunft, die jeder Gewaltlogik widerspricht. Dafür hat Gott seinen Sohn in die Welt gesandt. Er kam, um uns aus unserer Gewaltlogik zu befreien. Die Logik von Schlag und Gegenschlag, Freundesliebe und Feindeshass, Siegern und Gewinnern. Und deshalb steht am Anfang dieser Satz. Auf dass die Herzen und Sinne bewahrt bleiben.

Die Mächtigen der Welt können machen, was sie wollen, solange die Ohnmächtigen nichts machen. Sie rechnen allenfalls mit der Lethargie der Ohnmächtigen, notfalls mit ihrem Gehorsam, bestenfalls mit ihrer kriegerischen Begeisterung. Krieger-*denk*-mal, setze deine Vernunft ein, höre auf dein Herz – sonst gibt es bald wieder ein neues Kriegerdenkmal.

Wir leben in Zeiten, über die Bertolt Brecht sagen würde, dass ein Gespräch über Bäume fast ein Verbrechen ist. Ein Verbrechen, weil es ein Schweigen über so viele Untaten einschließt. Kannst du dich wirklich über deine Krokusse im Garten freuen, wenn so viele Menschen zugrunde gehen und Krater in die Erde gerissen werden? Was die Bus(c)hkrieger »Achse des Bösen« nennen, nannte die alte griechische Mythologie den »Kampf gegen die Hydra« – ein neunköpfiges Meeresungeheuer, dessen Giftatem alles vernichtet. Wenn ihr die neun Köpfe abgeschlagen wurden, wuchsen diese jedes Mal doppelt nach, bis Herakles kam und ihre Halsstümpfe ausbrannte.

Bush ist aber kein Herakles. Er will nicht sehen, dass beim Abschlagen der Schlangenköpfe viele nachwachsen werden. Nordkorea, Libyen… Die einzig verbliebene Weltmacht hat sechzig »Schurkenstaaten« in der Welt ausgemacht, die sie oft über Jahrzehnte hinweg unterstützt hat. Der Krieg provoziert neuen Terrorismus. Menschen werden politisch oder religiös aufgeladen und zu Hass und Verachtung angestachelt. Die göttliche Vernunft wird der menschlichen Machtversessenheit untergeordnet.

Wenn Politiker den Namen Gottes in den Mund nehmen, um eigene Entscheidungen »abzusegnen«, wird aus Gott ein Götze gemacht. Zur Erinnerung: Auf den Koppelschlössern der deutschen Wehrmachtssoldaten stand »Gott mit uns«. Und zu allen Zeiten wurde auf beiden Seiten der Schützengräben gebetet.

Doch es gilt für uns Menschen, mit unserer begrenzten Vernunft, weiterhin die Mahnung des Apostels Paulus, die dieser im Jahre 55 an die christliche Gemeinde in Galatien schrieb: »Irrt Euch nicht! Gott lässt sich nicht spotten.«

## Woran glaubt, wer nicht glaubt?

Woran glaubt – wer nicht glaubt? In meinem Umfeld höre ich da die seltsamsten Dinge: Bevor ein Kind ein Jahr alt ist, darf es nicht auf den Friedhof mitgenommen werden. Und das schöne Dübener Heidekraut darf nicht über die eigene Türschwelle gebracht werden. In beiden Fällen droht frühzeitiger Tod. »Oh Gott!«, denkt man da. Zumal beides allen Ernstes von Menschen zu hören war, die eigentlich noch ganz gut bei Trost sind.

Was glauben Menschen, die nicht im Sinne der christlichen Religion glauben? Ist es so, dass dort, wo Gott die Tür gewiesen wird, der Aberglaube durch das Fenster steigt? Die »schwarze Katze« gehört dabei noch zu den harmlosen Vertretern des Aberglaubens.

Oder gilt der lapidare Slogan: Ich glaube nicht, mir fehlt nichts. Was bewegt Zehntausende von Menschen, die stundenlang in Dresden anstehen, um einmal die Glocken der Frauenkirche zu berühren – bevor sie im Kirchturm heraufgezogen werden? Ist das Religiöse im Leben nur verschüttet?

Wir leben ja in einer Zeit, in der es leichter ist, über Sex zu reden, als über seinen Glauben. Wie dem auch sei. Am letzten Mittwoch war ich zu einer Kontroversdiskussion eingeladen, um mich unter anderem mit dem Bildungsbeauftragten des Humanistischen Verbandes aus Berlin über die Frage, woran glaubt, wer nicht glaubt, zu verständigen. Dabei ist mir aufgefallen, dass es viel schwerer ist, zu glauben, dass man nichts glaubt, als zu sagen: Ich glaube. Wenn sich eines Tages herausstellt, dass der Glaube doch nicht trägt, verlieren beide: der, der glaubt, und der, der nicht glaubt. Dann ist keinem von uns geholfen.

Ich wünsche allen Heiden in der Heide, dass sie eines Tages feststellen, dass sie sich geirrt haben. Nicht aus Häme wünsche ich dies. Nicht aus Genugtuung oder falsch verstandener Rechthaberei. Ich wünsche den Zeitgenossen, die den Atheismus verinnerlicht haben, dass sie an den Punkt gelangen, an dem sie – im positiven Sinn des Wortes – »enttäuscht« werden. Warum? Ganz einfach. Weil mir dann auch geholfen ist.

## Die Menschen lügen. Alle

So wie es in der Überschrift steht, so steht es im biblischen Buch der Psalmen. Genauer: im Psalm 116. Torgaus Kantor Johann Walter dichtete dazu 1561: »Die Wahrheit wird jetzt unterdrückt, will niemand Wahrheit hören; die Lüge wird gar fein geschmückt, man hilft ihr oft mit Schwören; dadurch wird Gottes Wort veracht, die Wahrheit höhnisch auch verlacht, die Lüge tut man ehren.«

1761 schrieb der Dichter Friedrich Hölderlin im »Hyperion«: »So kam ich unter die Deutschen. [...] Barbaren von alters her, durch Fleiß und Wissenschaft barbarischer geworden, tiefunfähig jedes göttlichen Gefühls, verdorben bis ins Mark, in jedem Grad der Übertreibung und der Ärmlichkeit beleidigend für jede gutgeartete Seele, dumpf und harmonielos, wie die Scherben eines weggeworfenen Gefäßes. Es ist ein hartes Wort und dennoch sag ichs, weil es die Wahrheit ist: Ich kann kein Volk mir denken, das zerrissener wäre wie die Deutschen. Handwerker siehst du, aber keine Menschen.«

Und nochmal zweihundert Jahre später krähte 1961 Diktator Walter Ulbricht: »Niemand hat die Absicht, eine Mauer zu errichten.«

Es ist müßig zu überlegen, was bis 2161 an Lügen und innerer Zerrissenheit durch die Gesellschaft geht. An Ulbricht wird sich keiner mehr erinnern, Hölderlin wird schon jetzt in der Literaturforschung als Nervenkranker hingestellt – und Kantor Walters Lied »Wach auf, wach auf, du deutsches Land« hatte bei der letzten Gesangbuchreform Mühe, mit übernommen zu werden. Was bleibt, sind die Psalmen. Ihre Sprache ist das Geläut der Stille. Sie wagen, ein Ungesagtes zu sagen. 3000 Jahre ist die die älteste Gedichtsammlung der Welt schon alt. Und wer nur zehn Psalmanfänge in sich trägt, kann alles sagen, was wichtig ist. Die Psalmen haben Menschen getröstet und Literatur inspiriert, immer wieder und immer neu. Kein poetischer Text der abendländischen Kultur ist so oft übersetzt worden wie die Psalmen.

Die Menschen lügen. Alle. Das Wort Gottes bleibt in der Welt, den einen zum Trost, den anderen zum Ärgernis.

## Die Zeit versteht die Liebe im Leben

Vor grauen Jahren lebten die Gefühle auf einer Insel im Osten. Eines Tages wurde den Gefühlen mitgeteilt, dass die Insel sinken würde. Also bereiteten alle ihre Schiffe vor und verließen die Insel. Nur die Liebe wollte bis zum letzten Augenblick warten. So ist sie halt.

Bevor die Insel sank, bat die Liebe um Hilfe. Der Reichtum fuhr auf einem luxuriösen Schiff an der Liebe vorbei. Sie fragte: »Kannst du mich mitnehmen?« – »Ich kann nicht. Ich habe mich daran gewöhnt, nur noch Zweckbekanntschaften zu haben. Neben dem ganzen Geld ist kein Platz (mehr) für dich.« Da fragte die Liebe den Stolz, der auf einem wunderbaren Schiff vorbeikam: »Stolz, ich bitte dich, kannst du mich mitnehmen?« – »Ich kann nicht«, sagte der Stolz, »hier ist alles perfekt. Du könntest mein Schiff beschädigen!« Also fragte die Liebe die Traurigkeit, die an ihr vorbeizog: »Traurigkeit, bitte, nimm mich mit.« – »Oh Liebe«, sagte die Traurigkeit, »ich bin so traurig, dass ich allein bleiben muss.«

Auch die gute Laune ging an der Liebe vorbei. Sie war so mit sich zufrieden, dass sie nicht hörte, wie die Liebe sie rief. Plötzlich sagte eine Stimme: »Komm, Liebe, ich nehme dich mit.« Es war eine Alte, die da sprach. Die Liebe war so dankbar und glücklich, dass sie vergaß, die Alte nach ihrem Namen zu fragen. Als sie an Land kamen, ging die Alte fort. Die Liebe merkte, dass sie ihr viel zu verdanken hatte und fragte das Wissen: »Wissen, kannst du mir sagen, wer mir geholfen hat?« – »Es war die Zeit«, antwortete das Wissen. »Die Zeit? Warum ausgerechnet die Zeit?«, wollte die Liebe wissen. Und das Wissen antwortete: »Weil nur die Zeit versteht, wie wichtig die Liebe im Leben ist.« Die Zeit versteht die Liebe im Leben. Sie ereifert sich nicht über anderer Liebesleben. Die Zeit heilt die Wunden. Die Zeit ist eine große Lehrmeisterin. Sie hat nur einen einzigen Nachteil. Sie tötet ihre Schüler.

## Würden Sie gerne eine Hure heiraten?

Ich denke, was eine Hure ist, wissen Sie. Kommt Ihnen vielleicht jetzt etwas seltsam vor? Wochenendgedanken und Hure? Geht das zusammen? Heute ja. Es sind meine fünfzigsten »Wochenendgedanken«. Da kann man doch mal was von einer Hure schreiben.

Welcher Firmenchef oder Arbeitgeber sieht es gerne, wenn sein Mitarbeiter eine stadtbekannte Hure heiratet? Ist doch sicherlich nicht so günstig – für die Firma!? Man bedenke bloß den guten Ruf, den es zu erhalten gilt. Auf den verwenden wir viel Energie. Der gute Ruf muss gewahrt sein. Den anderen Elektriker, Arzt, Pfarrer oder Gastwirt kann man schon mal in Ver-Ruf bringen. Das ist ja was anderes. Niemand sorgt für mehr Gesprächsstoff, als der- oder diejenigen, die gerade nicht im Raum sind! Das ist im weltlichen Bereich genauso wie im kirchlichen.

Ein guter Ruf aber verschafft Vorschusslorbeeren und öffnet Türen, ohne das man groß anklopfen muss. Klar, der Volksmund sagt: Ist der Ruf erst ruiniert, lebt es sich ganz ungeniert. Und trotzdem geben wir darauf acht, dass unser Ruf uns verhältnismäßig gut vorauseilt. Anders war das bei dem Propheten Hosea. Er soll eine stadtbekannte Hure heiraten. Dieses Thema ist das Leitthema der Bibelabende und beschäftigt derzeit mehrere Gemüter.

Gott fordert dies von Hosea, seinem Propheten. Hosea ist entsetzt. Lieber ist er als Gourmet bekannt – als mit Gomer verwandt! So heißt die Gute nämlich.

Obwohl Hosea in der Bibel mit lauter Königen genannt wird, fällt von deren Glanz nichts auf ihn ab. Im Gegenteil. Er wird in die Anrüchigkeit gestellt. Mal abgesehen davon, dass die Ehe vielleicht glücklicher verlief als so manche Ehe, die nach außen hin intakt erscheint, macht er sich erst einmal zum Gespött der Nachbarn und Biedermänner. Hosea (er)findet keine Ausrede. Er handelt von innen heraus und kümmert sich, nach anfänglichem Zieren, nicht darum, was die Leute sagen. Gott kennt ihn sowieso. Uns übrigens auch.

Indem Hosea die Hure heiratet, wird er für seine Umgebung sehr unbequem, hält dieser aber zugleich einen Spiegel vor. Die Untreue der Menschen untereinander, jeder sich eines Besseren dünkend, führt die Schwächeren ins Abseits. Zu gerne würde eine Stadt solche Menschen vor die Tore führen. Nett gesagt. Sich selbst als oberste moralische Instanz betrachtend, produzieren die Menschen ständig neue Außenseiter und wollen zuletzt noch über sie richten.

Hosea lebte vor 2800 Jahren. Und wissen Sie, was interessant ist? Er wurde damals nicht ausgegrenzt oder mundtot gemacht. Das ist doch erstaunlich.

## Dummheit ist gefährlicher als Bosheit

Berlin 1944. Sie haben ihn weggesperrt. Sie? Die Geheime Staatspolizei. Im Tegeler Gefängnis war er ihnen immer noch zu unheimlich. Also fuhren sie ihn in die Prinz-Albrecht-Straße. Dort gab es keinen Kontakt mehr zu den anderen Häftlingen. Er war kein Gewaltverbrecher, kein perverser Kinderschänder. Er war Theologe und verstand es, mit den Worten umzugehen. Deshalb wurde er Ende September 1944 mundtot gemacht und im April 1945 hingerichtet. Dietrich Bonhoeffer. Eine Kernaussage in dem Buch »Widerstand und Ergebung« heißt: »Gegen das Böse lässt sich protestieren, es lässt sich bloßstellen, es lässt sich notfalls mit Gewalt verhindern …« Gegen die Dummheit sind wir wehrlos. Weder mit Protesten noch durch Gewalt lässt sich etwas ausrichten; Gründe verfangen nicht; Tatsachen, die dem eigenen Vorurteil widersprechen, brauchen einfach nicht geglaubt zu werden – in solchen Fällen wird der Dumme sogar kritisch –, und wenn sie unausweichlich sind, können sie als nichtssagende Einzelfälle beiseite geschoben werden.

Im Gegensatz zum Bösen ist der Dumme mit sich selbst zufrieden. Unzufrieden ist er vor allem, weil ihm seine innere Selbstständigkeit geraubt wurde. Er verzichtet darauf, »zu den sich ergebenden Lebenslagen ein eigenes Verhalten zu finden«. Also wird er bockig. Man spürt es geradezu im Gespräch mit ihm, dass man es gar nicht mit ihm selbst, mit ihm persönlich, sondern mit über ihm mächtig gewordenen Schlagworten und Parolen zu tun hat: Schnauze voll! Ausländer raus! Wahltag ist Zahltag!

Die Macht der einen braucht die Dummheit der anderen. Dabei ist Dummheit nicht angeboren. Sie findet sich auch nicht nur in bestimmten intellektuellen Schichten. Es gibt Menschen, die sehr viel wissen und trotzdem dumm sind. Und es gibt intellektuell sehr schwerfällige Menschen, die alles andere als dumm sind!

Der Dumme schwärzt sich seine eigene Zukunft ein. Er sucht immer Schuldige außerhalb von sich selbst. Und macht diese für seine Misere verantwortlich. Deshalb fällt er auf Parolen herein. Er wird in seinem eigenen Charakter verbogen. Und dadurch »wird der Dumme auch zu allem Bösen fähig sein und zugleich unfähig, dies als Böses zu erkennen«. Deshalb ist die Dummheit gefährlicher als die Bosheit. »Das Böse trägt immer den Keim der Selbstzersetzung in sich, indem es mindestens ein Unbehagen im Menschen zurücklässt.« Der Dumme – und die Dumme, die es natürlich auch gibt – kennt dieses Unbehagen nicht. Er wähnt sich auf der richtigen Seite und ist von hämischer Freude gekennzeichnet, wenn er es »denen« mal zeigen kann. Sei es am Wahltag, am Stammtisch oder gar mit der Faust. Nach den hereinbrechenden Katastrophen schüttelt er sich – und will von all dem nichts gewusst haben. Wieder findet er andere, die für die Geschichte und die Geschichten verantwortlich gemacht werden können.

Dietrich Bonhoeffer hat sich in seiner Zeit gegen die Verdummung der Menschen durch die Politik eingesetzt. Und damit hat er sich ausgesetzt. Ende September 1944.

Die Plattitüden der Vergangenheit sind leider wieder in der Gegenwart angekommen.

Laußig – vor den Toren Bad Dübens. Ende September 2004. Die NPD erreicht bei den Wahlen zum sächsischen Landtag 13,3 Prozent.

## Feigheit, Berechnung und Eitelkeit stellen Fragen

Während der Friedensdekade beginnen wir jeden Abend in der Bad Dübener Stadtkirche das Friedensgebet mit folgenden Worten Martin Luther Kings:

»Die Feigheit stellt die Frage: Ist es sicher? Die Berechnung stellt die Frage: Ist es politisch? Die Eitelkeit stellt die Frage: Ist es populär? Aber das Gewissen stellt die Frage: Ist es richtig? Und es kommt die Zeit, in der man eine Position einnehmen muss, die weder sicher noch politisch, noch populär ist – aber man muss sie einnehmen, weil sie richtig ist.«

In diesen verdichteten Fragen kommt Abend für Abend die ganze Misere zum Ausdruck. Das fatale Sicherheitsdenken, die politischen Kalkülkalkulationen und die den Menschen verderbende Eitelkeit versuchen das Gewissen in den Hintergrund zu drängen. Das Gewissen spüren einige von uns in der Magengegend, andere am Herzen – oder es quält im Traum.

Gewissensbisse – sagen wir – haben sie aber selten. Und es kommt die Zeit, in der man eine Position einnehmen muss... Aber diese Zeit steht noch aus. Es geht zu gut. Wir sagen, dass es das Gewissen zu schärfen gilt, bleiben aber stumpf. Nun hat so eine Friedensdekade den Blick nach außen – in die bedrohte Welt. Und nach innen – in den Zustand in uns. Das Gewissen bindet beides zusammen. Wir sehen außen: dass der Stundenlohn in Asien vielerorts sechs Cent die Stunde beträgt. Am Tag nicht mal einen Euro. Deutsche Firmenchefs bezahlen das und stecken Ihrer eleganten Frau, den Kindern und ihrem kleinen Geheimnis anderseits Gelder zu, die schwindelerregende Höhen haben. Wir wissen, dass in indischen Granitsteinbrüchen Zehnjährige arbeiten, um Grabsteine herzustellen. Jeder vierte Stein auf unseren Friedhöfen kommt bereits aus Indien – nicht mitgerechnet die Steine, die den Weg aus Indien über China nehmen. Leute, die diese Steine kaufen (hab ich nicht gewusst, gilt nicht – sie wissen doch sonst auch immer alles), regen sich auf, wenn ihre eigenen Kinder aus der Watte gepackt werden.

Und es kommt die Zeit, in der man eine Position einnehmen muss. Aber diese Zeit steht noch aus. Wo, fragte der Vorstandschef der Delitzscher Sparkasse, Alfons Föhrenbach, am Anfang der Woche bei einer Veranstaltung der Friedensdekade, wo sind die Rentner, die endlich auf die Straße gehen, um für eine bessere Zukunft ihrer Enkel zu demonstrieren? Den Wohlstand, den unsere Alten haben, werden die Enkel nicht halten können. Das wäre doch was für Thomas Gottschalk und seine Saalwette heute am Abend: Wetten, dass hier in Leipzig keine achtzigtausend Rentner auf den Augustusplatz kommen und gemeinsam die Kinderhymne von Bertolt Brecht singen! Der begnadete Schalk Gottes kann einen hohen Wetteinsatz geben. Er würde gewinnen. Es scheitert wahrscheinlich schon am vergessenen Text der Kinderhymne.

Allerdings kommt die Zeit, in der man eine Position einnehmen muss. Aber noch stellen Feigheit, Berechnung und Eitelkeit ihre Fragen und haben das Sagen. Sagenhaft.

## Zum Morgengrauen kam das Grauen am Morgen

Die Jünger hatten sich zurückgezogen und verbarrikadiert. Der Karfreitag saß ihnen in den Knochen. Jesus hatte ihnen immer mal angedeutet, dass er in Jerusalem sterben würde. Aber das wollten sie nicht wahrhaben. »Komm«, werden sie gesagt haben, »du bist schon zu bekannt. Die lassen dich nicht einfach so verschwinden. Das Volk liebt dich.« Doch Jesus wurde hingerichtet. Was nutzt die Macht der Argumente gegen das Argument der Macht? Wer die Macht hat, bestimmt den Kurs. Den anderen bleibt Anpassung oder Ohnmacht. Mit Trillerpfeifen vor den Balkon von Pilatus zu ziehen, war damals noch nicht üblich. Das wäre auch nicht gut ausgegangen. Also wurde die Faust in der Tasche geballt. Von Hoffnung und Freude war nichts zu spüren. Hätten sie selbst an die verheißene Auferstehung des Toten geglaubt, hätten sie auch keinen Anstoß daran genommen, dass ihre Worte oft auf taube Ohren stießen. Aber nun sind sie selbst irritiert, enttäuscht, manche wie ausgebrannt, Jünger ohne Kraft.

Anders reagieren die drei Frauen. Maria von Magdala, Maria – die Mutter von Jakobus (nicht von Jesus) – und Salome. Ihre Trauer, Wut und Enttäuschung setzt sie in Bewegung.

Sie gehen am Ostermorgen, von dem sie nicht wissen, dass es der Ostermorgen ist, sehr zeitig los. Auf den Friedhof. Die Stadt schläft noch. Ist noch tot. Auf dem Friedhof beginnt das Leben. Aber davon ahnen die Frauen nichts. Die Gräber waren in Felsen eingearbeitet und mit einem schweren Stein verschlossen. Davorgerollt. Ein Stein, der Bestechung taub. Und gleichwohl noch, als sei zu befürchten, dass ein Granitblock sich bekehren ließe, ging eine Schar von Grabhütern auf und ab. Nicht wegen der Plünderung. Die, die für die Ermordung gesorgt haben, ahnten in der Tiefe ihrer Seele, dass sie Unrecht taten.

Aber wer gibt das schon gerne zu? Die Frauen beschäftigte während ihres Weges nur eine einzige Frage: Wer wälzt uns den Stein von des Grabes Tür? Sie wollten den Toten salben. Ein letzter Liebesdienst für einen ausgemergelten Körper, welcher der Seele 32 Jahre Heimat war. Mehr können die Lebenden für einen Toten ja auch kaum noch tun. Und dann kommen sie hin. Der Stein ist fort. Das Grab ist leer. Furcht und Entsetzen packte sie. Gezittert haben sie, wie Espenlaub. Zum Glück waren sie zu dritt. Alleine wäre das wohl nicht auszuhalten gewesen. Die Gedanken, die später in den wunderbaren Osterliedern Einzug gehalten haben, welche morgen in den Kirchen gesungen werden, kamen den Frauen in diesem Augenblick ganz bestimmt nicht in den Sinn. Dann bekommen sie noch gesagt, dass der Lebende nicht bei den Toten zu finden ist. Und fort sind sie wieder. Zum Morgengrauen kam das Grauen am Morgen.

Die Auferstehungsbotschaft ist die härteste Währung auf dem Markt, auf dem die Hoffnungen gehandelt werden. Zum Glück haben die Frauen nicht geschwiegen. Sie sind zu den Jüngern gerannt. Und die haben sie erstmal für verrückt erklärt. Bis auch sie auf unterschiedliche Weise erfahren durften, dass Jesus lebt. Aus einer Gruppe von ängstlichen Zauderern und Zweiflern heraus entstanden dann die ersten christlichen Gemeinden im Mittelmeerraum. Angsthasen wurden zu Osterhasen. Die hat die Schokoladenindustrie vereinnahmt. Und wie viele Ostermenschen gibt es?

## Nicht nur die Weihnachtsmänner klettern

Morgen sind sie dran. Die Dominosteine. Sie liegen schon seit einigen Tagen da. Jedenfalls bei mir zu Hause. In den Geschäften lungern sie seit Wochen herum. Morgen, nach den Adventsgottesdiensten werden sie »verhört« – wie meine Großmutter zu sagen pflegte. Und im Advent denkt man immer mal an die Großmutter. Einen für dich, einen für mich, einen für die Großmutter ... Mit der Adventszeit beginnt für uns eine zwiespältige Zeit. Den Marktmechanismen kann man sich schwerlich entziehen. Die Geräuschkulissen und endlosen Lichterketten lösen nicht nur Wohlbehagen aus. Warum sind es immer mehr Weihnachtsmänner, die die Fassaden hochklettern? Spiderman für Arme?

Ich denke gern an ein Theaterstück von Hans Scheibner, das ich in einem kleinen Hinterhoftheater erlebte. Der Weihnachtsmann wird vom Engel Gabriel verurteilt, weil er der Schuldige ist, der die Menschen zu einer seelenlosen Advents- und Weihnachtszeit verführt hat. »Du hast ihre Habgier ohne Bedenken noch gesteigert und ihre Sucht nach Geschenken. Es gab eine Zeit, da haben sie sich noch von Herzen gefreut über Äpfel, Nüss' und Mandelkern. Sie waren zufrieden und lobten den Herrn. Heute aber legst du unter den Baum Geschenke, Geschenke, man glaubt es kaum: Autos, Sauna, Rasenmäher, Digitaluhr, Farbfernseher – die teuersten, dümmsten, verrücktesten Sachen, die sie kein bisschen zufriedener machen.« Theologisch gesehen stehen Advent und Weihnachten für den radikalen Einspruch, Widerspruch gegen das, was wir rücksichtslos zu tun im Begriff sind.

Dem Menschen, der Gott sein will, stellt sich ein Gott entgegen, der Mensch wird. Dem Menschen, der keine Grenzen respektiert, stellt sich ein Gott entgegen, der sich selber begrenzt. Dem Menschen, dessen Willen zur Macht vor nichts zurückschreckt, stellt sich ein Gott entgegen, der auf Macht und Gewalt verzichtet. Gott wird Mensch im Kind bescheidener Leute, das in eng gezogenen Grenzen aufwächst und gerade in provinzieller Bescheidenheit seine weltweite Wirkung entfaltet.

Die Advents- und Weihnachtszeit ist Gottes Alternative zu unserem menschlichen Größenwahn. Was folgt daraus für uns? Es gilt eine Antwort zu suchen, die persönlich verbindlich und gesellschaftlich verändernd ist – im Sinne der göttlichen Alternative der Weihnacht. Klettert in Ihnen da eine Ahnung hoch? Eigentlich müsste man doch ein wenig Bauchgrimmen bekommen. Aber nicht vom übermäßigen Genuss der Dominosteine.

## Daniel ohne Düsentrieb

Daniel wollte Seemann werden. Nach der Schule sollte es losgehen – über die sieben Meere, zu neuen Horizonten. Selbst seine Gottesvorstellung war rein maritim. Nach einer Diskussion in der Jungen Gemeinde über Gott, der dem Menschen ein Gegenüber sei, stellte Daniel fest: Gott sei dem Hafen ein Schiff und dem Schiff ein Hafen. Genialer Gedanke. Irgendwann verloren wir uns aus den Augen, beinahe 20 Jahre lang. Daniel ging zur Marine der NVA. Nur dort, hatte man ihm erklärt, wird ihm die Welt eröffnet. Ich zog in eine andere Stadt.

Als ich ihn in Magdeburg wiedertraf, hatte er schon einen schwankenden Gang.

»Seemannsgang?«

»Nein – Küstennebel.«

»Bist du Seemann geworden?«

»Nein – ich wurde noch während der Grundausbildung denunziert, war nicht tragfähig für die Ozeane.«

»Und jetzt?«

»Tierpfleger.«

»Mensch, Daniel, auch Löwen?«

»Ja, wieso?«

»Komm, setz' dich. Lass uns was trinken und die Lieder singen, die im Herzen verankert sind: ›Wir lagen vor Madagaskar und hatten die Pest an Bord. In den Kesseln, da faulte das Wasser, und täglich ging einer über Bord. Ahoi, Kameraden! Ahoi, Ahoi!‹«

Kann man Daniel von seinem Namensvetter in der Bibel berichten? Der lag nicht vor Madagaskar, der steht im Gebet vor Gott. Er vertraut nicht auf die eigene Gerechtigkeit, sondern auf Gottes Barmherzigkeit. Das Leben hat ihn dieses gelehrt. Auch der Daniel unter König Darius wurde denunziert und landete bei den Löwen. Die Bibel nennt ihn einen Gerechten. Ihn, auch Hiob und Noah.

Menschen, deren Leben anders verlaufen ist, als sie hofften. Aber das Vertrauen auf Gottes Fügung und Barmherzigkeit hat ihnen immer wieder Kraft gegeben, trotz nagender Selbstzweifel.

Das Klagelied meines wiedergefundenen Gegenübers klingt so anders als das Dankgebet im biblischen Daniel-Buch. So wird immer ein Gefühl der Bitterkeit in ihm zurückbleiben: Es wäre unter anderen Umständen für ihn im Leben besser gelaufen. Das menschliche Gedächtnis vergisst keine Kränkungen, keine Missetat, keine Gnadenlosigkeiten und keine Übertretungen.

Dem gegenüber steht wiederum die Barmherzigkeit Gottes. Und wo gibt es diese Barmherzigkeit? Daniel wird von einer »Daniela« gedrängt, endlich mitzukommen. Wo gibt es diese Barmherzigkeit? Das will er noch wissen, bevor wir uns, vermutlich für die nächsten zwanzig Jahre, wieder verlieren.

Überall, Daniel. Überall. Zwischen Magdeburg und Madagaskar. Und in allen Löwengruben dieser Welt! Ahoi, Daniel! Ahoi! Adieu!

## Oliver Kahn und sein Bankgeheimnis

Die Stimmung an diesem Wochenende in unserem Land ist vom Ausgang eines Spieles abhängig. Während ich diesen Text schreibe, sind noch acht Mannschaften bei der WM dabei, und die Grundschüler rufen gerade auf dem Schulhof, dass sie nach Berlin fahren wollen. Es werden noch Tränen fließen. Tränen vor Glück und Enttäuschung, das liegt so dicht beieinander. Das globale Denken wird in diesen Wochen gefördert. Konflikte, Konkurrenz und Gegnerschaft schaffen wir nicht aus der Welt, aber wir können mitmenschlicher mit ihnen umgehen. Das ist doch eine echte Alternative zu den unsäglichen Kriegsschauplätzen, die aus den Medien derzeit genauso verdrängt werden wie die Vogelgrippe. Doch auch die wird uns spätestens im Herbst wieder einholen. Jetzt ist aber noch WM auf fast allen Kanälen.

WM-Würstchen, WM-Kuchen, WM-Schokolade, WM-Tarife: Ob die Bestattungsunternehmen auch einen Rabatt geben, weil man das Endspiel nicht mehr sehen kann?

Wer sucht, findet überall Vergleichsmöglichkeiten, die das Leben und den Fußball in eine Beziehung setzen.

Kleine Kostprobe aus dem Buch der Bücher gefällig?

Noah ist der erste Torwart in der Bibel. Denn Gott sagte zu ihm: Du gehst in den Kasten, und ich mache den Sturm. Die Liebhaber des Neuen Testaments sollen aber auch nicht leer ausgehen: Jesus ging zum Tor. Und die Jünger standen abseits.

Sie sehen, mit etwas Phantasie kommt der Fußball überall hin. Und kein Drama ist so übersichtlich wie ein WM-Spiel ab dem Achtelfinale.

Trotzdem ist Fußball keine Religion. Die Theologie sollte nicht so vermessen sein zu meinen, sie könne einen menschlichen Lebensbereich tiefsinniger interpretieren als es diejenigen tun, die diesen Lebensbereich gestalten und in ihm leben. Die Fans wollen in der Regel keine Religion praktizieren, sondern vielmehr ihrer Begeisterung Ausdruck verleihen. Und »Religion« ist ohne das subjektive Wollen zur Religion nicht gut denkbar.

Es wird mit Sicherheit auch nicht von Gott beeinflusst, wer am nächsten Sonntag den Pokal in den Himmel über Berlin stemmt.

Aber es ist immer beeindruckend zu sehen, wie die Spieler, die von so vielen Menschen verehrt werden, ihrerseits überzeugt sind von der Existenz Gottes. Und dies auch nicht schamhaft verbergen.

Und Oliver Kahn? Der hat nun am eigenen Leibe erfahren, wie die Entscheidung eines Menschen ihn zum Zuschauen zwingt. Er sitzt auf der Bank, die auch schon als »Büßerbank« bezeichnet wurde. Er gewinnt mit, weil er die Vorarbeit zu den Spielen geleistet hat. Das wird in dieser schnelllebigen Zeit oft vergessen. Wenn man ihn aber da im Stadion so sitzen sieht, kann man sich ja schon mal fragen, ob er – neben dem Sieg der Mannschaft – auch an Gott glaubt?

Auf der Internetseite der Evangelischen Kirche in Deutschland hat es gestanden. Hier ist sein Bankgeheimnis-Zitat. Kahn: »Immer wenn im Fußball etwas klappt oder nicht klappt, muss der Fußballgott herhalten. Das ist Blödsinn. Es gibt nur einen Gott. Und der hat mit Fußball nichts zu tun.«

Prima, Oliver. 1:0.

## Bei geschlossener Tür öffnet sich immer ein Fenster

Günter Grass traut sich ja seit dem Sommer niemand mehr zu zitieren. Dabei hat er in seinem Roman »Der Butt« so schöne Sätze geschrieben. Sätze wie diese: »Was wäre ich ohne Märchen? In ihre Wünsche kleiden sich meine. Was in Erfüllung geht, zählt nicht. Außer uns ist alles erfunden. Nur das Märchen ist wirklich!« Daran musste ich in der letzten Woche der Friedensdekade immer mal denken. Das Thema heißt: »... und raus bist du.« Und mir kam das Märchen von den musikalisch begabten Tieren in den Sinn.

Einer hatte keine Kraft mehr für das tägliche Arbeitspensum. Seine Knochen waren kaputt. Auch in der Reha-Klinik gab es für ihn nur noch fragmentarische Hilfe. Er schaffte das Tempo nicht mehr, was ihn die Jüngeren täglich unverhohlen spüren ließen. Der Zweite bekam nicht mehr so richtig mit, was um ihn herum alles so passierte. Er verlor die Übersicht. Und seine Arbeitsbereiche wurden durch technisch raffinierte Standards ersetzt, die da Alarmanlage und Bewegungsmelder heißen.

Die Dritte musste damit leben, dass eine Jüngere ins Haus eingezogen ist. Sie konnte zwar noch die »Krallen« zeigen. Wenn aber nur Äußerlichkeiten alleine die tragende Beziehungsbasis sind, wird es schnell brüchig. Ausgeschmust.

Und der Vierte hatte in der letzten Zeit den »Schnabel« zu weit aufgerissen. In den Anpassungsmechanismen der heutigen Arbeitswelt traut sich kaum noch jemand, mal richtig den Mund aufzumachen. Zack – und raus bist du.

Was früher nebenbei erledigt wurde, wird dann irgendwann zur Hauptbeschäftigung. Auf den Punkt bringt es der Holländer Herman van Veen: »Heute kommst du dazu, Zeitung zu lesen. Die flog sonst immer ungeöffnet in den Müll. Nie bist du besser informiert gewesen als jetzt – da man von dir nichts wissen will.«

Interessanterweise finden sich die vier Schicksalsgenossen, als sie aus der gewohnten Bahn rauskatapultiert werden. Sie leben von einer Vision. Sie finden sich nicht mit den Gegebenheiten ab und gefallen sich auch nicht im gegenseitigen klagenden Feilschen – wen es denn nun härter getroffen habe. Als Kind übersieht man beim Lesen des Märchens schnell, dass die vier überhaupt nicht in der Stadt an der Weser ankommen. Zu plastisch sind die Schilderungen im Räuberhaus.

Es gibt in der Weisheitstradition ein Sprichwort: Wenn Gott dir irgendwo eine Tür zuschlägt, dann öffnet er dir ein Fenster. Das Geheimnis liegt auf dem Weg, und man soll sich nicht vom erst besten »Räuber« verunsichern lassen.

Vielleicht sind wir in unseren Wahrnehmungen zu sehr auf die geschlossenen Türen fixiert. Es bedarf mitunter nur eines kleinen Perspektivenwechsels – und schon sieht man das geöffnete Fenster. Deshalb gilt es, sich selber aufzumachen. Sich in Vereinen oder Gemeinden zu engagieren. Es gibt eine soziale Zufriedenheit, die nicht in Euros aufzuwiegen ist. Wir kennen nur noch die Preise und nicht mehr die Werte.

Die Frustration und die Verdrossenheit steigt, weil Menschen sich immer seltener aufmachen. Es wird doch alles nach Hause geliefert! Fast alles.

## Wahlvorstellungen

Jeder, der wählt, hat seine klaren Vorstellungen, wenn er eine Wahl trifft. Und wenn denen nicht Genüge getan wird, kommt oft die Resignation. So war es auch bei Frau Stein. Eine Gruppe Ferienkinder aus Ungarn sollte in der Gemeinde für einige Tage verteilt werden. Frau Stein wollte einen Jungen. So ein Pusztakerlchen. Schwarze Haare, große Augen. Ein wenig klein geraten. Als der Zug einfuhr stiegen auch solche Jungs aus, die der Vorstellung von Frau Stein entsprachen. Aber Frau Stein bekam Judith. Ein langes schlankes blondes Mädchen. Die Stimmung von Frau Stein war im Keller. Sie hatte sich viel vorgenommen. Leipziger Zoo. Heide Spa. Pizza essen. Aber nun war sie enttäuscht. Lustlos schlenderte sie mit Judith vom Paradeplatz über den Marktplatz zur Burg. Am Ambientestübchen lässt sie Judith Karten aussuchen und macht ihrem Herzen Luft: »Ich wollte einen kleinen Jungen und habe nun diese Bohnenstange. So war das nicht gedacht!« Na, Frau Stein, das Mädchen kann doch nichts dafür.

Am nächsten Tag sah man Frau Stein mit Judith fröhlich lachend an der Bushaltestelle stehen. Sie wollten nach Leipzig – in den Zoo. Moment mal, Frau Stein. Wo kommt denn diese überschwengliche Freude plötzlich her? Ach, sagt sie. Das hätte ihr keine Ruhe gelassen. Dass sie ein Kind zur Betreuung bekam, das nicht ihren Wahlvorstellungen entsprach. Sie ging nochmal zu der Lehrerin, welche die Kinder verteilt hat, um sich zu beschweren. Ältere Frauen zeichnen sich ja manchmal durch eine gewisse Hartnäckigkeit aus. Da hat ihr die Lehrerin folgendes erzählt: Als der Zug einfuhr und die Kinder auf den Bahnsteig gingen, da standen da die ganzen »Ferieneltern« und warteten auf ihren Besuch. Judith hat zu der Lehrerin gesagt: Da die ältere Frau, die sieht so freundlich aus. Zu der würde ich am liebsten gehen. So kam Judith zu Frau Stein.

Und das hat die Stein erweicht. Plötzlich war alles anders. Sie hatte ihre Freude wiedergefunden. Und nun waren sie auf dem Wege nach Leipzig. Frau Stein kennt sicherlich nicht den Bibelvers aus dem Johannesevangelium, in dem es im 15. Kapitel heißt: »Nicht ihr habt mich erwählt, sondern ich habe euch erwählt und bestimmt, dass ihr hingeht und Frucht bringt und eure Frucht bleibt…« Frau Stein hat die Wahrheit dieses Verses an einem ganz profanen Beispiel aus der Alltagswelt erfahren. Bevor wir wählen, sind wir längst erwählt. Das ist der Grund für die Lebensfreude schlechthin. Nun muss man nur noch Frucht bringen. Dies heißt im biblischen Kontext: mehr zu leisten, als das Gewöhnliche einem abverlangt.

## Im Sog der Suggestion

Mit Palmsonntag beginnt die Karwoche. In den Kirchen wird Jesu Einzug in Jerusalem bedacht. Viele Menschen riefen damals: Hosianna – und freuten sich.

Die Menschen, denen Jesus in seinen kommenden Leidenstagen begegnet, stehen unter dem Druck des Alltags, der sie handeln lässt. Es läuft der ganz normale Wahnsinn ab. Da ist Judas, der treuste Jünger, der durch Gewalt das Gute erreichen will; da sind die schlafenden Jünger, die im Garten Gethsemane zu müde und zu träge sind, um noch Kraft zu haben, sich um das Schicksal eines anderen zu kümmern. Der Hohepriester handelt nach religiösem und politischem Kalkül; Pilatus reagiert aus eigenen Sachzwängen heraus; Petrus lügt, nur um nach außen hin nicht auf der Verliererseite zu stehen. Das sind alles keine Unholde. Es ist das normale Menschliche, das uns täglich begegnen kann. Begegnung mit den eigenen Gefühlen, eigenen Verkrümmungen und Abgründen. Wer von uns war nicht schon mal feige, ängstlich, träge, auf sich selbst bezogen, auf der Suche nach einem klugen Kompromiss, wohl wissend, dass er nur die beste aller schlechten Entscheidungen ist?

Menschen wie Petrus, Judas, Kaiphas oder Pilatus verbindet das Bewusstsein eigener Entscheidungsfindung: einer Gewissensentscheidung. Wir haben aber noch einen zweiten Aspekt menschlicher Entscheidung zu bedenken: die Suggestion. Suggerieren heißt soviel wie eingeben, einflüstern, beibringen, verleiten.

Pilatus merkt das, als er auf seinem Balkon steht. Die Menschen im Hof sind manipuliert. Er lässt den Mörder Barabbas aus den Katakomben holen und stellt ihn neben Jesus. Einer darf die Freiheit bekommen. Barabbas wird nicht wegen guter Führung, sondern wegen guter Verführung aus der Haft entlassen. Durch den Sog der Suggestion. Den Hof unter dem Balkon in Jerusalem kann man heute noch besichtigen. Er ist sehr klein. Die Monumentalfilme über die Passion Christi verzerren die Wirklichkeit. Dort standen keine Massen, sondern vielleicht hundert bestellte, manipulierte Menschen, welche Jesu Kreuzigung forderten, weil sie es sollten. Es waren mit Sicherheit nicht dieselben Menschen, die fröhlich den Einzug am Palmsonntag feierten. Es waren einige der Jerusalemer Händler, Tempeldiener und die Kollaborateure der römischen Besatzungsmacht. Doch die Geschichte ist über sie hinweggegangen. Die, die Jesus im Jahre 32 einen kurzen Prozess gemacht haben, haben damit einen langen Prozess in Gang gesetzt. Nun spannt sich über jeden Leidensweg ein österlicher Horizont. Und viele Menschen singen deshalb am Palmsonntag gerne: Hosianna und freuen sich.

## Geist ist »geil«

Die meisten Menschen halten den Saturn für einen Planeten. Ebenso sind Dachs und Maus immer noch Tiere, auch wenn der Dax den täglichen Schwankungen an der Börse unterliegt und die Maus in der Hand am Computer bewegt wird. Der Saturn ist für den Menschen unerreichbar. Die Menschen erreicht wiederum der nun schon lang anhaltende Werbefeldzug des gleichnamigen Elektroriesen. Er rechnet mit dem Verstand der Konsumentenzwerge und spricht niedere Instinkte an. Der Geiz ist eine der sogenannten sieben Todsünden. Der Slogan »Geiz ist geil« ist leider längst zur gültigen Alltagsparole geworden. Je kleiner das Gehirn, umso kürzer muss die Parole sein. Das Niveau unterläuft nur noch die NPD mit ihren »Schnauze voll«-Wahlkämpfen. Geiz hat aber einen hohen Preis. In den biblischen Apokryphen steht bei dem Weisheitslehrer Jesus Sirach: »Ein geiziges Auge trocknet die Seele aus.« Der Volksmund spricht vom Ersticken am eigenen Geiz. Übellaunigkeit und Missmut sind die Zeichen einer inneren Angst, die das Leben erstickt. Der Geiz zerstört die Freiheit und das Lachen. Ein geiziger Mensch kann nicht genießen. Er wird nicht den heutigen Tag loben. Er wird niemals Gott danken im Genuss des Weins, der Freundschaft und der Liebe. Der Geiz fesselt den Menschen an sich selbst und verdient unser Mitleid. Wenn der Geizige sich nur selbst zerstören würde, wäre ihn zu meiden eine Möglichkeit, ihn zu umgehen. Aber aus dem Geiz erwächst die Habgier. Und die beschädigt auch andere.

Im ländlichen Raum wissen die Leute noch, dass in der Sprache der Gärtner das Wort »ausgeizen« vorkommt. Die Nebentriebe am Weinstock oder an den Tomatenpflanzen, die dem Haupttrieb die Kraft wegsaugen, nennt man den »Geiz«. Ihr ausschneiden wird als »ausgeizen« beschrieben. Das ist ein schönes Sprachbild für die eigene Lebensenergie. Die Kraft, die uns durchströmt. Wo müssen wir bei uns »ausgeizen«? Wo geht zu viel Energie verloren, weil wir mit Dingen beschäftigt sind, die zweit- oder drittrangig sind? Das Leben ist zu kostbar, um sich von den Sprüchen der Werbung einlullen zu lassen.

Geiz vernebelt den klaren Geist und reduziert das Leben auf die Schnäppchenjagd. Auf den Geist, nicht den Geiz kommt es an. Man muss schon wissen, wessen Geistes Kind man so im Alltag trifft.

Geist ist »geil«. Er befreit zum Leben, Denken, Sorgen. Zur Mitfreude. Er versteckt sich im schönen Wort Beg*eist*erung. Möge Sie irgendetwas an diesem Wochenende wirklich begeistern. Das wäre doch g… Pardon. Prima!

## Mein Spatz und die anderen Spatzen

Als Kind brachte ich einen Spatz mit nach Hause. Er hüpfte angeschlagen auf meinem Schulweg herum und ließ sich mit bloßen Händen greifen und einfangen. Meine Welt war damals noch sehr überschaubar. Der Schulweg, die Tischtennisplatte im Keller, der Zeitungskiosk, an dem alle vier Wochen mit etwas Glück das neueste Mosaik von Hannes Hegen zu ergattern war. Nun kam in meine Welt der Spatz hinein. Da baute ich ihm eine Kiste. Morgens, vor der Schule, ging ich immer als Erstes zu ihm, um nach ihm zu sehen. Er hüpfte aufgeregt in der Kiste hin und her. Und rief immerzu Tschilp, Tschilp. Tschilp, Tschilp. Sein winziges Herz bebte in dem kleinen Körper. Ich fühlte mich richtig gebraucht, da ich für jemanden zu sorgen hatte.

Eines Morgens lag mein Spatz in der Kiste auf dem Rücken. Der ist nicht tot, erklärte ich meinen Eltern. Der hält den Himmel mit den Füßen fest.

Ja, so einer war mein Spatz!

Jahrzehnte später las ich in einer Erzählung von Mark Rasumny, dass der Spatz eigentlich der liebenswerteste Vogel von allen Vögeln ist. Die anderen verschwinden meist im ersten Hauch rauerer Winde.

Nicht aber der Spatz.

Sein Dasein, sein Hüpfen, sein Tschilpen, seine Treue, die Ausdauer – alles unpathetisches Heldentum!

Und im Frühjahr wird er meist melancholisch. Er weiß im voraus, dass die Zurückkehrenden mit den Wundern prahlen, die sie in fernen Welten erlebt haben. Was soll denn ein Dableiber schon beitragen zum Gespräch der Weitgereisten und Vielerfahrenen.

Wahrscheinlich war mein Spatz auch ein Dableiber, der gerade so der Katze entkam.

Irgendwann wird die Welt größer als nur Schulweg, Tischtennisplatte, Zeitungskiosk...

Und dann habe ich auch Spatzen kennengelernt, die von den Dächern pfeifen.

Die Spatzen, die sich auf allen Dächern wohl fühlen. Die alles ablehnen, was nicht in ihre Spatzenhirne passt. Die andere seelisch ruinieren, weil sie nicht deren Begabungen haben.

Als die Nachtigall nämlich eines Tages krank wurde, beschloss sie, das Singen für einige Zeit einzustellen, um sich zu schonen. Die Spatzen sagten: Die Nachtigall ist nicht krank. Sie ist faul. Das hörte die Nachtigall. Sie war zutiefst gekränkt und sang weiter, obwohl sie eigentlich krank war. Nach einer Weile verlor sie ihre Stimme ganz. Unreparabel. Selber schuld, sagten die Spatzen, man singt ja auch nicht, wenn man krank ist!

So sind die Spatzen. Aber meiner war nicht so!

## Eine Rose als Stütze

Vergangenen Donnerstag wollte der begnadete Schauspieler Ulrich Mühe in Bad Düben aus dem »Kleinen Prinzen« lesen. Dies kleine Büchlein von Antoine de Saint-Exupéry aus dem Jahre 1943 ist in Frankreich an den Schulen Pflichtlektüre. Ulrich Mühe ist gestorben, und in Sachsen ist an diesem Wochenende Schulanfang. So soll an die Erzählung hier erinnert werden. Saint-Exupéry kontrastiert die menschliche Weltsicht des Kindes, in dem er sich selbst wiedersieht, mit der sinnentleerten Lebenswelt der Erwachsenen. Eine Erinnerungschiffre für das verlorene Leben, das im Menschen angelegt ist. In der an biblischen Metaphern reichen Erzählung vom Kleinen Prinzen klingen große religiöse Wahrheiten an. Der Kleine Prinz pflegt eine unglückliche Liebe zu seiner Rose und begibt sich, um Abstand vom Zustand zu haben, auf Wanderschaft durch Raum und Zeit.

Er besucht sechs kleine Planeten (Lebenswelten) und trifft dabei auf den König, den Eitlen, den Säufer, den Geschäftsmann, den Laternenanzünder und den Geographen. Erschrocken über ihre Einsamkeit entwickelt sich in dem Kleinen Prinzen die Einsicht, dass die Einbildung die weitest verbreitete Bildung ist. Alle genügen sich selbst, und wenn sie Kontakte aufnehmen, dann nur, um Zweckbekanntschaften zu pflegen, aber keine Freundschaft.

Der Kleine Prinz erreicht die Erde und sieht, dass es hier nur so wimmelt von Königen, Eitlen, Säufern, Geschäftsmännern, Laternenanzündern und Geographen. Er begegnet fünftausend Rosen und ist erschüttert, weil er immer dachte, seine Rose zu Hause wäre einzigartig. Da trifft er den Fuchs. Und dieses Gespräch kann man als Weltliteratur bezeichnen.

Der Sinn, der die Dinge verknüpft, ist etwas Unsichtbares, das nur mit den Augen des Herzens zu sehen ist. Hier merkt man, dass der nicht christliche Autor sich gut in der Bibel auskennt! Und diese Verknüpfung erschließt sich allein durch den Austausch wechselseitiger Beziehung und Verantwortung der Menschen. Mensch sein, heißt für Saint-Exupéry, verantwortlich sein. Und zwar für das, was man sich vertraut gemacht hat.

»Die Zeit, die du für deine Rose verloren hast, sie macht deine Rose wichtig.«

Der Wert der Dinge liegt nicht in ihnen selbst, sondern in unserer Beziehung zu ihnen. So kann der Kleine Prinz zu den vielen Rosen gehen und sagen: »Ihr seid schön, aber ihr seid leer. Man kann für euch nicht sterben.«

Saint-Exupéry wird von vielen auch deshalb gerne gelesen, weil das Ende der Geschichte – den Sprachbildern nach – den vertrauten Glauben der Religion an die Unsterblichkeit des Menschen aufzugreifen scheint. Den Leib kann man nicht mitnehmen. »Er ist zu schwer.« Es reicht eine Rose als Stütze.

## Wenn die Weisheit aus dem Osten kommt

Man kann es schon so kurz sagen: Die Weisheit kommt aus dem Osten und die Bedrohung immer wieder aus dem Westen. Wir befinden uns mit diesen Gedanken allerdings vor zweitausend Jahren in der Nähe von Jerusalem, in einem kleinen Ort mit Namen B. Um die Weihnachtszeit.

Weihnachten schon abgehakt? Baum schon rausgeworfen? Bunter Teller schon vernascht? Egal. Kommen Sie mit ihren Gedanken nochmal zurück. Zum 6. Januar bedenkt die Kirche die Weisen aus dem Morgenland. Sie kamen aus dem Osten. Im Westen war das Meer. Und über das kamen immer die kriegerischen Philister, wenn sie Israel bedrohten.

Das Neue Testament kritisiert die Weisen aus dem Morgenland nicht ob ihrer heidnischen Künste. Der Stern ist für sie das Zeichen der Zeit. Sie machen sich auf, ihm zu folgen. Und obwohl sie alles richtig berechnen, laufen sie trotzdem erst einmal in die falsche Richtung. Auch kluge Männer machen Fehler. Sie kommen zum König Herodes nach Jerusalem. Der bekommt einen wahnsinnigen Schreck, dass schon ein neugeborener König ausgerufen wird, obwohl er doch noch selber so gerne an der Macht klebt! Nun kommt eine dunkle Stelle im Matthäusevangelium. Die Berater des Königs, die sich in den Schriften des Alten Testamentes auskennen, verraten den Ort der Geburt: Bethlehem. Immer wieder gibt es in der Weltgeschichte scheinbar hochgebildete Menschen, die ihr Wissen trotzdem in den Dienst einer Diktatur stellen. Sie ereifern sich, wer dem König die richtige Lösung anbieten kann.

Die Sterndeuter durchschauen später aber die Arglist des Königs. Mittlerweile sind die Weisheitsträger selber zu Königen geworden und auch mit Namen versehen. Kaspar, Melchior und Balthasar. In den Krippenspielen stehen sie für die damals bekannten Erdteile. Europa, Asien und Afrika. Einer wird also immer schwarz geschminkt!

Matthäus berichtet, dass sie den Kopf oben hatten, um dem Stern zu folgen. Sie haben den Kopf auch gesenkt, weil sie erkannt haben, wer da der Neugeborene ist. Und sie haben ihren Kopf benutzt und sind nicht zu Herodes zurückgekehrt.

Sie haben das Wesentliche ihrer Zeit erkannt. Jede Zeit bringt ihre Weisheitsträger hervor, die genau die Zeichen der Zeit erkennen. Ich wünsche Ihnen, dass Sie im neuen Jahr zwei oder drei dieser Weisheitsträger treffen. Bedenkenträger gibt es schon genug.

## Das verspielte Leben

Komm jetzt endlich! Ich habe schon alles aufgebaut. – Die Aufforderung meiner Tochter kommt klar rüber. Schneckenrennen ist angesagt. Es ist ein einfaches Stück Pappe, das da auf dem Fußboden im Kinderzimmer liegt. Darauf stehen sechs Schnecken. »Du nimmst Gelb.« Was für drei Worte! Farbwürfel kullern und Schnecken vorschieben. Die Holzdinger kommen vorwärts, ohne eine Schleimspur zu hinterlassen. Es ist ein schönes Spiel. Der Würfel entscheidet. Man muss sich nicht so viele Gedanken machen. Prima, Kleine, deine Schnecke hat gewonnen. Ich muss nun aber weiter. Schneckentempo gibt es nur noch in Kinderzimmern und Behördenstuben. Gespielt wird allerdings den ganzen Tag. Wir Erwachsene haben auch schon alles aufgebaut. Die Regeln sind klar. Interessant ist, dass, obwohl immer neue Spiele auf den Markt kommen, die Grundmechanismen gleich bleiben.

In der freien Wirtschaft wird zur Zeit Stuhltanz gespielt. Die Musik läuft. Und wenn sie verstummt, muss jeder seinen Platz haben – sonst fliegt er/sie raus. Pokern ist ebenfalls beliebt, lässt aber die Gefühle erkalten. Wer mit Bauaufgaben zu tun hat und beobachtet, wie verschiedene Gewerke in einem Gebäude arbeiten, der erlebt auch ein schönes Spiel. Schwarzer Peter! In den unzähligen Bauberatungen, die ich erleben durfte, ging es oft darum – wer denn nun Schuld hat, dass andere nicht zum Zuge kommen. Wie Frauen geifern, giften und intrigieren können, habe ich einige Jahre in der Kaufhalle erlebt. Allein mit 46 Frauen! Aber so eine reine Männerrunde morgens zur Bauberatung ist auch etwas sehr Charmantes.

Das Spiel des Jahres ist allerdings das: Jammerspiel. Dies Brett ist nicht von Pappe. Es liegt unsichtbar zwischen uns Menschen und ist gleichwohl beliebt bei Jung und Alt.

Schönes Beispiel gefällig? »Die Medikamente fressen meine Rente!«

In manchen Western sagt der Bösewicht: Du hast dein Leben verspielt. Dann wird es für den so Angesprochenen auch meist etwas ungemütlich. Das Jammerspiel gehört zu den Spielen, welche die Atmosphäre ungemütlich machen. Ich gehe meist, wenn das klagende Feilschen beginnt. Es gibt Wichtigeres im Leben. Und Seelsorgeerfahrung lehrt, dass die wirklich Leidenden nicht viele Worte machen.

Komm jetzt endlich! Ich habe schon alles aufgebaut.

Was denn – die Schnecken? Nein, Memory. Es ist gut, dass es Pärchen gibt. Man muss sie/sich nur finden. Doch dazu braucht es allerdings Aufmerksamkeit und Zeit. Und dieses Pärchen wünsche ich Ihnen – für ein verspieltes Wochenende.

## Das Generationengedächtnis

Vor drei Tagen trat im Heide Spa der Gedächtnistrainer Markus Hofmann auf. Immer wenn man jemanden in der Stadt am darauf folgenden Tag traf, der dabei war, wurden fröhlich Worte wie Bienenstock, Eskaladierwand oder Schnürsenkel benannt. Begriffe, die bei Übungen in imaginäre Briefkästen abgespeichert wurden. Schöner Abend. Gelungene Lernmuster!

Das Gedächtnis gehört zum Menschsein. Die Erinnerung füllt uns aus, je älter wir werden. Der Mensch will das Bekannte. Klassentreffen, Landsertreffen, Familientreffen. Oft wird Gewesenes lebhaft ausgetauscht. Zur Freude, aus Wehmut oder mit Vorwürfen versehen.

Kein Mensch kann sich allerdings an das erinnern, was ein Mensch vor ihm erlebt hat.

Unser Wissen beruht auf Erfahrung sowie auf mündlicher und schriftlicher Überlieferung und auf Bildern.

Wir müssen das Gleiche immer wieder neu lernen. Das ist das Bügeleisenphänomen. Alle haben ein heißes Bügeleisen angefasst, obwohl wir mehrmals gehört haben, dass es heiß ist. Stellen Sie sich einmal vor, unser Wissen würde in der DNA abgelagert werden.

Eine Zelle lernt und teilt sich. Sie verdoppelt ihr Genom mitsamt aller Informationen, etwa so, als würden wir unser Hirn mitsamt allen Erinnerungen duplizieren.

Neue Zellen erben kein abstraktes Wissen, sondern die unmittelbare Erfahrung, als seien wir selbst dabei gewesen. Wir hätten eine kollektive Erinnerung!

Napoleon in Bad Düben. Keine abstrakte Geschichtszahl. 1813. Wir hätten die Dramatik der Oktobertage genauestens vor Augen. Die Verzweiflung dieser Schlacht wäre in unserer Seele eingebrannt. Und niemand, wirklich niemand mehr, hätte Freude an militärischen Spielchen.

Wir könnten dann auch wirklich im Sinne unserer Kinder und Enkel handeln, die zum Teil Bob den Baumeister besser kennen als ihren Vater. Aber leider gibt es kein Generationengedächtnis unter uns Menschen. Einzig die Bibel ist das Notizbuch der Menschheit. Und das Generationengedächtnis.

Lesen Sie mal in Ruhe den 90. Psalm. In der Bibel sind alle Metaphern und Geschichten bewahrt, die Gottes Verbindung mit den Generationen ausdrückt. Deshalb renovieren wir die Kirchen nicht für uns allein, sondern auch für die, die nachwachsen werden. Die Erinnerung ist übrigens das einzige Paradies – aus dem der Mensch nicht vertrieben werden kann. Und schon morgen gehört dieses Wochenende zu unserem Erinnerungsschatz. Ich wünsche uns, dass es in guter Erinnerung bleibt. Vielleicht sogar in sehr guter.

## Wissen, wie der Hase läuft

Mach mal Urlaub, sagt sie zu ihm – nicht ganz sorgenfrei. Er antwortet barsch: Was soll ich denn noch alles machen?

Spätestens jetzt ist der Zeitpunkt erreicht, wo man mal eine Unterbrechung braucht. Urlaub! Diese wunderbare Zeit. Kostbar einerseits, gefährdet durch Übererwartungen andererseits. Chancenreich. Wesentlich. Im Urlaub läuft der Hase anders. Da geht es nicht von Termin zu Termin. Das Handy am Ohr und die Bilanzen im Nacken. Im Urlaub ist Zeit für anderes. Gestern bekamen die Kinder ihre Zeugnisse, und nun geht es los. Zwei Dinge werden uns Deutschen nachgesagt, die wir uns auf gar keinen Fall nehmen lassen. Das wären Zukunftsangst und Urlaub! Beim Urlaub sind Paare wieder neu aufeinander bezogen, die im Alltag oft nur noch nebeneinanderher leben und ihre Kommunikation auf das Wohlergehen der Kinder beschränken. Hier besteht die große Chance darin, sich neu zu finden. Abstand vom Zustand nennt man das. Und es ist möglich, den ganzen Animations- und Ablenkungsmechanismen zum Trotz eine neue gemeinsame Wegstrecke zu erkennen.

Dazu braucht man die Entschleunigung, die so ein Urlaub mit sich bringen kann.

Urlaub machen, heißt auch gegen die Uhr zu leben, die sonst alle Versammlungen, Abgabetermine, Zulieferungen und Zielführungen bestimmt. Man muss nicht alles mitbekommen, man kann Dinge getrost ausblenden und die Seele baumeln lassen. Über dem Ausgang der kleinen Kirche im Kloster auf der Insel Hiddensee steht auf dem Türbalken: »Lass dir etwas entgehen.« Das ist das Geheimnis einer inneren Zufriedenheit, die sich im Alltag so selten einstellt, da viele von uns eher das Gefühl haben, gelebt zu werden als zu leben.

Als im 13. Jahrhundert die Räderuhren die Sonnenuhren ablösten, ersetzte die messbar gemachte, in Takte zerlegte

Zeit die Zeit der natürlichen Rhythmen. Die mechanische Uhr war das Werk der Präzision. Und als der amerikanische Physiker und Politiker Benjamin Franklin 1748 den Satz »Zeit ist Geld« prägte, bekamen die ehrgeizigen Krämerseelen ihr bis heute vergoldetes Motto.

Zeit ist natürlich mehr wert als Geld. Das merken all die, die keine Zeit für ihre Gesundheit hatten und nun Zeit für ihre Krankheiten aufbringen müssen. Und ein teurer Urlaub garantiert noch keinen gelingenden Urlaub.

Ich wünsche Ihnen für die kommende Urlaubs- und Ferienzeit viel Gelingendes, Muße, freudige Überraschungen, eine Ruheminute in irgendeiner Kirche, die Kraft, nichts zu tun, und die Begegnung mit dem für Sie interessantesten Menschen, für den Sie in letzter Zeit nicht viel Zeit hatten. Finden Sie zu sich. Und machen Sie bitte nicht jeden Trend mit.

Während der Trendhase durch die Ackerfurche rast, sitzen der Igel und seine Frau jeweils am Ende der Furche. Die beiden haben nämlich immer schon gewusst, wie der Hase läuft.

## Sturkopf Sturgis erlebt seinen Advent

Das hätte Herr Sturgis sicher nicht gedacht. Dass über ihn mal etwas in der Leipziger Volkszeitung steht! Herr Sturgis war ein wohlhabender Geschäftsmann in Königsberg. Er lebte vor vierhundert Jahren und erlebte 1623 seinen besonderen Advent. Man muss dazu wissen, dass Herr Sturgis äußerst unbeliebt war. Er war zwar reich, aber das reicht nicht. Herr Sturgis hatte sein prächtiges Haus in der Nähe eines Armen- und Krankenheimes gebaut. Die Bewohner des Heimes benutzten für den Gang in die Stadt oder zur Kirche einen Fußweg, der über das benachbarte Wiesengrundstück führte.

Weil Herr Sturgis nun nicht immer die armen und gebrechlichen Leute vor Augen haben wollte, kaufte er kurzerhand die Wiese und machte daraus einen Park. Den umzog er mit einem Zaun – und wo vorher der öffentliche Fußweg entlangführte, ließ er große Tore anbringen, die er fest verschlossen hielt. Getreu nach dem Motto: Was geht mich fremdes Elend an?

Nun waren die Wege in die Stadt weiter – und für viele Heimbewohner nicht mehr zu schaffen. Herr Sturgis hatte nun zwar seine Ruhe, aber sein Ruf war im Eimer. Als die Kurrende in der Adventszeit 1623 loszog, um bei wohlhabenden Bürgern in Königsberg zu singen und Spenden für die Armen einzusammeln, erklärte der Leiter der Kurrende lautstark: Zu Herrn Sturgis gehen wir nicht! Auch viele Chorsänger verbargen ihren Unmut nicht! Andere wiederum sagten: Wir müssen gerade zu Herrn Sturgis gehen.

Und so musste der Pfarrer vermitteln. Pfarrer Weißel hatte wenige Tage zuvor ein Lied gedichtet, nachdem er im Königsberger Dom erlebt hat, wie bei einem unglaublichen Nordoststurm Hunderte von Menschen im Dom Schutz suchten.

Die Kurrende studierte das Lied ein: »Macht hoch die Tür…«

Und dann ging es los. Auch zu Herrn Sturgis. Der Chor nahm vor dem Tor Aufstellung, etliche Heimbewohner schlossen sich an, und Pfarrer Weißel sprach von der hochmütigen Blindheit, mit der viele Menschen dem König aller Könige die Tore ihres Herzen versperrten. Dabei sei dieser doch auch das Kind in der Krippe. Und dann rief der Pfarrer zum Haus von Herrn Sturgis: Und heute, lieber Herr Sturgis, steht der König vor Eurem verriegelten Tor! Öffnet ihm nicht nur dieses sichtbare Tor, sondern auch das Tor Eures Herzens, und denkt an das Jesuswort: »Was ihr getan habt einem unter diesen geringsten Brüdern, das habt ihr mir getan!« Danach fiel der Chor in das Lied ein: »Macht hoch die Tür, die Tor macht weit! Es kommt der Herr der Herrlichkeit!« Und voller Spannung warteten alle, was nun passiert.

Herr Sturgis kam heraus – und schloss wortlos beide Tore wieder auf! Er hat sie nie wieder verschlossen. Und der Weg vom Heim in die Stadt hieß noch lange Zeit der »Adventsweg«.

Die Nachfahren von Herrn Sturgis sind heute auch in unserem Land gut verteilt. Viele halten wieder ihre Tore verschlossen und lassen ihre Herzen zur Grabkammer verkommen.

Es muss wieder mehr gesungen werden!

## Durchrutschgefahr!

Nun ist das Jahr zehn Tage jung, und Sie sind hoffentlich gut gerutscht? So sagt man es ja in unseren Breiten: Guten Rutsch. Bei den Wetterverhältnissen der letzten Tage fragt man sich allerdings schon mal, ob das mit dem Rutschen so eine gute Sache ist. Was in unseren Breiten leider vergessen wurde, ist die Bedeutung von »Guten Rutsch«. Nach jüdischem Brauch reicht man sich zum Neuen Jahr Apfelscheiben mit Honig bestrichen und wünscht sich »rosch haschana« – einen guten Anfang – und dass das Jahr so köstlich endet, wie es am Anfang schmeckt. Aus dem »guten rosch« wurde nun der gute Rutsch... Nun sind wir also im neuen Jahr angekommen, und ich wünsche Ihnen, dass Sie nicht einfach so weiterrutschen. Es gibt eine schöne Legende, die besagt, dass ein Bauernjunge auf einem Stein in der Mittagssonne sitzt und auf seine Freundin wartet. Die Ungeduld verzehrt ihn. Da erscheint ihm ein freundlicher Elf und verrät ihm ein Kunststück. Wenn er den obersten Knopf seiner Jacke nach rechts dreht und den ersehnten Augenblick nennt, dann tritt dieser sofort ein. Er probiert es aus, und wirklich: seine Freundin steht vor ihm und lacht ihn an. Nach einer Weile wird seine Ungeduld größer: Wäre doch erst ihr Hochzeitstag. Er dreht den Knopf, und sie sitzen an einer wunderschönen Tafel und lassen die Gläser klingen. Dann kommt der Wunsch nach dem ersten Kind. Knopf gedreht, und es liegt in den Armen der Mutter. Schmerzfreie Geburt!

Getreu nach Wilhelm Busch (»Ein Wunsch, der sich erfüllt, bekommt automatisch Junge«) dreht der junge Mann seinen obersten Knopf immer weiter: Wenn doch die Ernte erst in der Scheune wäre, wenn doch mein Vater mir endlich den Hof überließe, wenn der Sohn doch sein Gesellenstück präsentieren könnte, die Tochter mit dem Schwiegersohn Richtfest feiert, der kleine Enkel seine

Krankheit überwindet... – jedes Mal dreht er den Knopf, und ständig feiern sie sofort das Erreichte. Und unversehens sitzt der Bauernjunge als alter Mann in seiner Stube und fragt sich erschrocken: Wo ist mein Leben geblieben? Es hat ihn all die Jahre immer nur getrieben. Und nun hat er den Eindruck, als wäre er durch sein Leben einfach nur so durchgerutscht. Das ist eine bittere Lebensbilanz.

Vorsichtig versucht der Greis, den Knopf einmal nach links zu drehen.

Und siehe da – er sitzt wieder als junger Bursche in der Mittagssonne auf dem Stein, reibt sich die Augen, dehnt sich und – wartet auf seine Freundin. Nunmehr geduldig und gerne!

Er weiß nun: Jede Stunde ist Lebenszeit. Jede Stunde ist mein Reichtum, mein Dasein.

Mal abgesehen davon, dass Mann auf Frau immer geduldig warten sollte – ist Ihnen für dies Jahr 2009 nach Christi Geburt zu wünschen, dass Sie nicht zu viel zum Zeitvertreib tun, um die Ihnen geschenkte und anvertraute Zeit zu vertreiben. Dschungelcamp gehört übrigens dazu! Sie sollten auch nirgends »die Zeit totschlagen«. Und wer sich in diesem Jahr keine Zeit für seine Gesundheit nimmt, der wird sie später für seine Krankheiten haben müssen.

## Zeugnisse ablegen!

Gestern haben viele SchülerInnen in Sachsen ihre Zeugnisse bekommen. »Giftblätter« werden sie genannt. Und ich kann mich noch gut, zumal als Sohn einer Russischlehrerin, an die Heimwege erinnern, wenn es Zeugnisse gab. Ich habe ewig gebraucht, um nach Hause zu kommen. »Junge«, haben sie gesagt, mit verschiedener Betonung. Immer wieder: »Junge!«

»Junge« heißt auch ein wunderbares Lied von der Punkband »Die Ärzte«, das meine Jungs nun 30 Jahre später hören. Lassen Sie sich das Lied mal von Ihren Kindern oder Enkeln vorspielen. Ab einem bestimmten Alter kennen es die meisten Jugendlichen.

Ich glaube, ich habe meinen Lehrerinnen und Lehrern das Leben nicht leicht gemacht. Interessanterweise haben sie sich aber dadurch meinen Namen gemerkt. Die braven und angepassten Schüler werden von Lehrern geliebt, aber auch wiederum schnell vergessen. Sie haben nämlich kein Gesicht.

Diese Bewertungen auf den Zeugnissen sind nur ein Teil der Wirklichkeit. Sie geben nicht den Wert der Persönlichkeit wieder. Es ist dennoch enorm, welche – fast magische – Wirkung die Zensuren auf Kinder und Eltern ausüben. Zeugnisse erhalten ist immer mit einem großen Erwartungsdruck verbunden. Nicht wenige Eltern wollen gerne verpasste Chancen ihres eigenen Lebens in den Kindern verwirklicht sehen.

Die Unvollkommenheiten, die man an sich selber nur allzu gut kennt, sind auch den eigenen Kindern zuzugestehen. Dieser Erwartungsdruck, der auf vielen Kindern lastet, erzeugt Gegendruck. Das weiß jeder – auch der, der in Physik keine große Leuchte war oder ist.

Es kommt im Leben an bestimmten Schnittpunkten auch darauf an, Zeugnisse abzulegen. Hier trennt sich die Spreu vom Weizen erst wirklich. Klare Bekenntnisse und Standpunkte für sich zu finden, nach außen zu vertreten – und nicht gleich wegzulaufen, wenn es mal etwas rauer wird. Darauf kommt es im Leben wirklich an.

Persönlichkeiten entstehen durch Charakter. Ich habe in diesen Tagen großen Respekt vor den tapferen Menschen im Iran, die sich grüne Bänder umbinden und Zeugnis ablegen gegen Manipulation, Lüge und religiösen Fanatismus.

Im staatlich vorherrschenden System würde es heißen: Betragen: 6, Gesellschaftskunde: 6, offiziell gelehrte Religion: 6, Geschichte: 6. Aber staatliche Systeme können über Nacht zusammenbrechen. Das ist in der Geschichte nichts Neues.

Unsere Kinder werden sich in Zeiten bewähren müssen, die wir nicht einmal ahnen. Die Kraft, die sie für das Leben brauchen, wird ihnen nicht aus den Zensuren erwachsen.

## Ein Elefant zum Schuljahresbeginn

Heute bekommen in Sachsen 31 400 Kinder ihre Zuckertüten. Ein neuer Abschnitt beginnt. Freude und einige Aufgeregtheiten bei den Kindern und Eltern sind vorprogrammiert.

Ich kann mich noch gut an meine eigene Zuckertüte erinnern. Sie war blau und oben fest zugebunden. Ich konnte sie auch noch selber tragen. Heute muss »Papi« manchmal helfen.

In meiner Zuckertüte steckte damals ein kleiner Zoo aus Hartgummitieren. Am meisten spielte ich mit dem Elefanten. Der brach immer bei meinen Indianern ein und sorgte für Stimmung. Als ich später dann von Hannibal hörte, der 211 vor Christus mit Elefanten über die Alpen zog, um Rom einzunehmen, war mein Elefant natürlich der, auf dem Hannibal geritten ist.

Heute muss mein Elefant für ein Gleichnis herhalten: In einem fernen Königreich wurde immerzu über die Wahrheit gestritten. Jeder und jede wollte recht haben. Immerzu gab es Streit. Da berief der König eine große Versammlung auf dem Marktplatz ein und stellte fünf blinde Bürger vor einen Elefanten. Einer stand vor dem Elefanten, der Zweite hinter dem Elefanten. Der Dritte stand am Fuß des Tieres, der Vierte wurde auf eine kleine Leiter am Ohr gestellt, und der Fünfte wurde direkt vor dem grauen Körper positioniert. Nun fragte der König die Blinden nach und nach, sie mögen ihm einen Elefanten beschreiben. Ein Elefant ist ein Faden rief der hinten Stehende! Wie bitte?, fragte sein Gegenüber. Ein Elefant ist ein Schlauch! Seid ihr noch ganz bei Trost, fragte der Dritte. Ein Elefant ist eine Säule. Der auf der Leiter stand kopfschüttelnd da und sagte immer nur: Nein, nein! Ein Elefant ist wie ein großes Blatt! Nun wurde der Fünfte ungehalten und sagte: Ein Elefant hat keinen Anfang und kein Ende. Dabei strich er immerzu über die raue Oberfläche. Nach kurzer Zeit waren die fünf Blinden in einen heftigen Streit geraten. Die Zuschauer lachten erst, dann wurde es immer ruhiger auf dem Marktplatz. Seht ihr, sagte der König. Die Wahrheit ist ein Plural. Alle haben recht, aber jeder begreift, hier im wahrsten Wortsinn, nur einen Teil der Wirklichkeit.

Dieses Gleichnis ist für viele Ebenen geeignet. Auf der kommunikativen Ebene heißt das: Wenn ich dem anderen zuhöre, erfahre ich mehr, als ich von meinem Standpunkt aus begreife. Auch wenn ich das Ohr bis ins kleinste Detail beschreiben kann, stehe ich doch nur am Ohr! Auf der religiösen Ebene kann dies bedeuten, dass man auch schon mal sein Gottesbild überprüft. Vieles begreifen wir eben nicht!

Wir können in der Schule sehr vieles lernen. Und Bildung ist ein hohes Gut! Wir lernen: Ein Elefant hat ein sehr gutes Gedächtnis, in Afrika hat ein Elefant andere Ohren als ein Elefant in Indien, ein Elefant ist nicht in den Porzellanladen zu führen. Das stimmt alles. Aber ein Elefant ist auch sehr schwer. Schwerer als eine Zuckertüte. Im Psalm 139 heißt es: »Wie schwer sind für mich, Gott, deine Gedanken! Wie ist ihre Summe so groß! Wollte ich sie zählen, so wären sie mehr als der Sand: Am Ende bin ich noch immer bei dir.«

Töröööh.

## Jede Stadt hat ihren Georg

Georg Köllner ist tot.

Es gibt Menschen, den fehlen bestimmte Orte. Und im Umkehrschluss gibt es Orte, den fehlen auch bestimmte Menschen.

Bad Düben und Georg Köllner gehörten zusammen. Er war immer in die Gegenrichtung unterwegs. Gegen den Strom der Hastenden fuhr er mit seinem Fahrrad vertieft in seiner eigenen Welt der Selbstgespräche. Gegen die hektische Betriebsamkeit klapperten seine Bierflaschen im Beutel. Jeden Donnerstag hat er mich besucht. Manchmal musste er lange auf mich warten. Jeden Donnerstag der gleiche Satz: »Ich bleibe der Kirche treu.«

Das verwitterte Gesicht, der zahnlose Mund und die leuchtenden Augen.

Seit Kindertagen weiß ich, dass es gestrandete Menschen gibt, die im Pfarrhaus Halt suchen. Gerade die Verlachten.

Unsere Kinder erfahren das auch. Als wir vor Jahren durch den Harz fuhren, sagte unser Sohn Konstantin in Clausthal-Zellerfeld: »Schaut mal, jede Stadt hat ihren Georg!«

Es ist die eitle Hochmütigkeit, die Georg Köllner belächelt hat. Er wurde ausgenutzt, geprellt, gemieden. Früher war er sehr reich, hat zwei Jahre im Hotel gewohnt. Dann der Absturz. Das ist auch eine Anklage an alle Wohlsituierten unter uns. So kann es gehen! Schneller, als dir vielleicht lieb ist.

Als unser Bürgermeister ihn zum »verdienten Waldarbeiter« ernannte – Georg Köllner hat von mir im Kirchenforst aus psychologischen Erwägungen heraus kleine Aufgaben übertragen bekommen –, stieß dies auf Unverständnis.

Ich weiß, dass Georg Köllner sich unglaublich gefreut hat. Und wir als Familie uns mit ihm.

Jedes Jahr habe ich überlegt, gerade ihn zum Krippenspiel als Hirten einzusetzen. Denn genau so müssen wir uns die Hirten auf den Feldern vor Bethlehem vorstellen. Sie waren die Mietlinge. Die Besitzer der Herden schliefen in ihren weichen Betten. Typen wie Georg Köllner wurde als Erstes die Weihnachtsbotschaft von den Engeln verkündet. Die Klarheit für die Vernebelten!

Im letzten November wars, die Tage wurden trüber. Da feierten wir noch seinen sechzigsten Geburtstag.

Am letzten Septembersonntag starb er auf den Muldewiesen neben der Brücke.

Er hinterlässt drei Kinder und zwei Enkel. Letztere hat er leider nie gesehen.

Aber der treue Georg ist nun frei.

## Wir brauchen eine neue Mauer

Ich wandere gerne. Beim Wandern kann man schön seinen Gedanken nach-gehen.

In diesem Herbst drehen sich viele Gedanken um den Herbst 89. Weltgeschichte und Lebensgeschichte haben sich berührt. Die Zukunft ist offen, die Vergangenheit steht fest, denn was geschehen ist, kann niemand ungeschehen machen.

Jahr für Jahr bringen die Historiker neue Bücher über längst Geschehenes heraus. Irgendwie ist auch die Vergangenheit offen. Es geht uns beim Gang durch die Zeit ähnlich wie beim Wandern: Ständig verändert sich nicht nur der Ausblick, sondern auch der Rückblick. Nicht weil Berg und Tal sich bewegen, sondern wir uns.

Bewegend sind diese Tage im Herbst allemal. 20 Jahre Mauerfall! 20 Jahre sind nicht einmal ein Wimpernschlag in der Weltgeschichte. Da wir aber nur sieben bis acht Lebensdekaden zur Verfügung haben, sind zwanzig Jahre für den Einzelnen wiederum ein großes Stück Leben.

Jede Zeit bringt eine Menge Herausforderungen. Unser Zustand ist heute nicht hoffnungsloser als der Athens im Jahre 429. Die diesjährige Friedensdekade steht unter dem Motto »Mauern überwinden«. In vielen Kirchengemeinden gibt es dazu in den nächsten zehn Tagen interessante Veranstaltungen in ökumenischer Gemeinschaft.

Mauern haben auf Dauer keine Bestandsgarantie. Die bedrohlichen Mauern nicht, leider aber auch nicht die Mauern, die uns schützen. Die Mauer in Jericho fiel vor 3500 Jahren. Die Mauer in Berlin vor 20 Jahren. In Jerusalem steht leider noch eine Mauer.

Durchtrenntes, Abgeschnittenes. Bedrohliches. Mauern werden brüchig. Einige haben Angst davor. Die verdorbenen Greise aus dem Politbüro zum Beispiel. Sie haben sich doppelt eingemauert. Zusätzlich noch in ihrem Wandlitzer

Ghetto. Mauern beschützen und bewahren aber auch. Hinter Mauern geborgen. Geschützt vor Wind, Wetter und unliebsamen Eindringlingen. Bergende Mauern werden leicht brüchig.

Trennung nach 15 gemeinsamen Jahren. Zerstört ist die Mauer bergender Liebe. Arbeitslos mit 51. Brüchig ist die Mauer sicherer Existenz. Selbstmordattentat. Gerissen ist die Mauer der friedlichen Hoffnung. Amoklaufende Schüler. Kaputt ist die Mauer liebevoller Erziehung. Dioxin im Erdreich. Unterhöhlt ist die Mauer unberührter Natur. Quellen versiegen. »Quelle« kaputt. Die toten Fische schwimmen immer mit dem Strom.

Von Albert Einstein stammt die interessante Erkenntnis: »Man kann ein Problem nicht mit den gleichen Denkstrukturen lösen, die zu seiner Entstehung beigetragen haben.«

Wenn sich heute einstige Umweltvernichter als Umweltbewahrer tarnen, ist Achtsamkeit geboten. Wenn sich heute Einstige als Demokraten tarnen, ist Vorsicht geboten. Wir brauchen eine neue Mauer, um die Bildungslücke wirklich zu schließen. Diese Mauer erwächst aber erst aus den Trümmern unseres maßlosen Konsums – vielleicht in 20 Jahren?

## Philipp Schwartzerdt ist der Lehrer Deutschlands

Georg Schwartzerdt ruft im Oktober 1508 seinen elfjährigen Sohn Philipp ans Sterbebett.

Bereits vier Jahre ist der Vater schwer krank, nachdem er bei einem Feldzug aus einem vergifteten Brunnen getrunken hat. Er verabschiedete sich von seinem ältesten Sohn: »Ich habe manche Veränderungen des Staates erlebt, aber es werden noch schwerere kommen, und ich bete, dass Gott dich in ihnen leite.« Dann stirbt er und lässt einen zierlichen, sensiblen Jungen zurück. Zehn Jahre später, 1518, ist der Junge ein junger Mann und Griechischprofessor in Wittenberg. Seinen Namen hat er ins Griechische übersetzt. Aus »Schwartzerdt« wurde »Melanchthon«. Philipp Melanchthon. Martin Luther ist begeistert von dem vierzehn Jahre jüngeren Kollegen. Oft litt Melanchthon unter dem heftigen, aufbrausenden Luther, doch blieben sie sich in den 28 gemeinsamen Jahren immer in großem Respekt zugetan. Luther, der prägende Theologe. Melanchthon, der prägende Pädagoge.

Aus ganz Europa kommen die Schüler und Studenten nach Wittenberg, um Philipp Melanchthon zu hören. Dank des Buchdrucks, den Johannes Gutenberg in dieser Zeit ermöglicht, werden seine Lehrbücher in Europa gelesen. Philipp Melanchthon erhält den Ehrentitel: »Praeceptor Germaniae« – Lehrer Deutschlands.

Wie es im Umland bei der Schulbildung aussieht, weiß er durch seine Visitationen genau.

1552 notiert er bei einem Besuch in unserer Region: »Sollte jemand ein Kamel tanzen oder einen Esel geigen lehren, sicher würde man es für ein ganz besonderes Unglück halten, eine so große Arbeit vergeblich leisten zu müssen. Und doch wäre es erträglicher, als unsere heutige Jugend zu unterrichten. Denn wenn man auch bei einem Kamel oder Esel nichts ausrichtet, sie vermehren doch nicht die Mühsal durch Ungezogenheit.« Melanchthon trifft resignierte Lehrer, faule Schüler und gleichgültige Elternhäuser. Er sieht die elfjährigen Kinder, die einen Vater und doch keinen Vater haben. Er bedauert, dass die Kinder nicht gebildet, sondern nur »in des Bauches und Geizes Dienst« gestellt werden. »Wir müssen von Sinnen sein, oder haben unsere Kinder nicht lieb.«

Philipp Melanchthon regt in Städten an, neue Schulen zu gründen, und kümmert sich um ihre Organisation. Er stellt Lehrpläne auf und bestimmt, was der erste, zweite und dritte »hauffe« (so nannte man damals eine Klasse) zu lernen hatte.

Melanchthon trifft viele bornierte, starrköpfige Erwachsene, die keine Dialog- und Streitkultur kennen. Er weiß, dass man in den Schulen anfangen muss, damit der Mensch auf das wirkliche Leben vorbereitet ist. Ein Kernsatz reformatorischen Denkens heißt: Jede Situation ist eine zu gestaltende.

Vor 450 Jahren starb Philipp Melanchthon. Er liegt in Wittenberg neben Martin Luther in der Schlosskirche begraben. Die Kultusministerin, die zum 500. Todestag in Wittenberg sprechen wird, besucht zur Zeit eine Grundschule.

## Jetzt schlägt's aber dreizehn

Einmal ist keinmal, doppelt genäht hält besser, dreimal dürfen Sie raten. Setzen Sie sich auf ihre vier Buchstaben, sonst sind Sie das fünfte Rad am Wagen. Das lässt sich munter alles weiter auflisten. Aber wehe, wenn es dreizehn schlägt.

»Jetzt schlägt's dreizehn!«, sagt man, wenn etwas Unerwartetes, Unangenehmes eintritt, denn die Uhr schlägt nur bis zwölf. Dreizehn gilt als Unglückszahl.

Es gibt Hotels, die kein Zimmer Nr. 13 haben, und einen spannenden Kriminalroman von Edgar Wallace mit eben genau dieser Zimmernummer: Zimmer 13. Einige Fluggesellschaften haben keine 13. Reihe in ihren Flugzeugen. Als Michael Ballack zur Fußballweltmeisterschaft vor vier Jahren die Trikotnummer 13 hatte, unkten auch einige der unsportlichen Fernsehbundestrainer, ob das ein gutes Omen sei.

Wer Kinder in ihrer Entwicklung begleiten darf, weiß, dass die Dreizehn psycho-biologisch eng mit der Pubertät zusammenhängt. Das ist so das Alter, wo es leichter ist, einen Kaktus zu umarmen als das eigene Kind.

Alten Menschen, die sich über die heutige Jugend aufregen, kann man sagen, dass es doch besser ist, unsere Jugend besetzt leerstehende Häuser anstatt fremde Länder, wie's doch wohl »früher« war, als alles »besser« war.

Wenn es in den Familien »dreizehn schlägt«, ist die Unsicherheit auf beiden Seiten groß.

Jugendliche merken, dass viele ihrer Eltern mit sich machen lassen, was die Stärkeren wollen. Von Jugendlichen kann man lernen, wie man widersteht. Jugendliche erleben Erwachsene auch launisch, trotzig, frech, faul, rechthaberisch, uneinsichtig. Sie spiegeln oft, was sie zu Hause erleben. Jugendliche sind verständnisvolle Zuhörer, wenn Erwachsene ihnen ehrlich ihre Gefühle, ihre Freuden, ihren Ärger, ihre Enttäuschungen erzählen.

Wer nur von der Firma und vom »Kohle machen« spricht, erzeugt keine wirkliche Wärme. Unsere Kinder leben nicht von dem, was wir ihnen hinterlassen. Sie leben von dem, was wir ihnen bedeuten.

Wir wissen nicht, was alles auf die heute Dreizehnjährigen zukommt. Es wäre schön, wenn es mehr von ihnen geben würde. Kinder, die nicht geboren wurden, können leider auch keine Kinder bekommen. Die künftigen Herausforderungen werden Menschen brauchen, die nicht nur die Gefahren beschreiben, sondern die auch das Rettende suchen.

Philipp Melanchthon, von dem an diesem Wochenende sehr viel in den Medien berichtet wird, notierte 1526:

»Wenn auf Eure Veranlassung hin die Jugend richtig unterrichtet wird, wird sie der Schutz der Stadt sein, denn kein Bollwerk und keine Befestigung macht eine Stadt stärker als gebildete, kluge und mit anderen Tugenden begabte Bürger.«

Diese Veranlassung ist nicht allein an die Schulen zu delegieren!

## Brot und Spiele – mit Cacau

Der Ausdruck »Brot und Spiele – panem et cicenses« stammt vom römischen Dichter Juvenal. Ursprünglich war gemeint: Brot und Wagenrennen. Juvenal kritisiert in einer Satire, dass das römische Volk in der Zeit der funktionierenden Republik noch selbst die Macht an Feldherren verliehen und Beamte gewählt habe, jetzt aber sich ängstlich und völlig entpolitisiert nur noch diese beiden Dinge wünscht: Brot und Spiele. Auch Kaiser Trajan (im Jahre 110!) pflegte die Massenunterhaltung im römischen Reich, weil sich das Volk »insbesondere durch Getreide und Schauspiele im Bann halten lasse«. Eine gute Möglichkeit, um unliebsame Entscheidungen durchzudrücken, auf dass es niemand »merkelt«. Einfach etwas bestimmen oder beschließen. Wenn die Spiele ausgetragen werden, ist vieles möglich. Und wenn die Vuvuzelas tröten, ist der Verstand sowiesööööö in der Trompete, und die Menschen lassen sich leichter durch den Kakao ziehen. Warum legt unsere Regierung nicht einfach fest, wer Weltmeister im Fußball wird? Gauck mal, wer da spielt! Brot und Spiele also auch heute.

Zum Glück brauchen wir uns in diesen Breiten keine Sorge um das tägliche Brot zu machen. Viele Aufgeregtheiten sind hausgemacht und lassen eine innere seelische Stabilität vermissen. Und diese Spiele sind schöne Spiele, wenn man weiß, dass es trotz alledem nur Spiele sind. »Fußball ist Fußball«, hat Theo Zwanziger bei der Beerdigung von Robert Enke gesagt, »nicht weniger, aber auch nicht mehr.« In dieser Gewissheit lässt sich die Weltmeisterschaft sogar genießen.

Jeden Morgen lese ich gerne Guido Schäfers erheiternde Kolumne vom *Cup am Kap*. Die Spiele der deutschen Mannschaft sind im Terminkalender notiert. Gespräche in der Familie und im Umfeld drehen sich um Namen, Mannschaften, Länder – Erdkundeunterricht der besonderen Art. Wo liegt nochmal genau Ghana?

Als ich kürzlich den Einkauf hochwuchtete, steht mein Töchterlein in der Küche: »Wir brauchen noch Cacau, Papa.« Hättest du das nicht vor dem Einkauf sagen können? »Nein, nicht zum Trinken, hier…« Sie hält die Hand voller Fußballbildchen aus dem Supermarkt. »Cacau fehlt uns noch.« Ja, den brauchen wir. Ein bekennender Christ, der weiß, dass Kraftanstrengungen und Gebete einander bedingen. Okay, wir gehen zur Tauschbörse. Packe dreimal Özil und zweimal Schweinsteiger ein. Wir besorgen uns Cacau. Merke dir aber schon mal für später. Man sollte den Kakao, durch den man gezogen wird, nicht auch noch trinken!

## MC – Der Landrat

Michael Czupalla feiert heute seinen sechzigsten Geburtstag. Der Landrat.

Amt und Person sind eng miteinander verbunden. Das ist ein Vorteil, da er dadurch mit ganzem Herzen in seinem Amt aufgeht. Von Nachteil ist es allerdings auch, da die Person sich auf die Funktion reduziert.

Um ihn hier zu würdigen, muss ich weit in die Vergangenheit gehen: Einer meiner Vorfahren war vor zweihundert Jahren Pfarrer in Seeburg. Seeburg wurde nach der Niederlage Preußens zum Königreich Frankreich geschlagen. Der dort amtierende Landrat wurde von den Franzosen für vogelfrei erklärt. Auf seinen Kopf gab es eine Belohnung. Eines Nachts klopfte der Landrat am Fenster des Seeburger Pfarrhauses und bat um Asyl. 14 Tage lang hat ihn mein Ururgroßvater in der Bodenkammer versteckt. Dann verriet ihn der Lehrer, der ihn am Fenster sah. In einer dramatischen Flucht gelang es, mit Hilfe eines treuen Fischers, den Landrat im Seeschilf zu verstecken und dann in den unbesetzten Teil Preußens zu bringen. Er überlebte.

Im Seeburger Tagebuch ist notiert: »Gerade in diesen Zeiten offenbart sich der wahre Kern des Menschen.«

Irgendwann habe ich Michael Czupalla diese Geschichte vorgelesen und ihm zugesagt, dass er jederzeit am Bad Dübener Pfarrhaus klopfen kann, wenn es mal für ihn eng werden würde.

Er war auch schon etliche Male da, aber immer gut gelaunt. Voller Kraft und Energie. Wenn man ihn kennt, ist es auch schwer vorstellbar, dass er sich 14 Tage in einer Bodenkammer aufhalten könnte!

Niemand begrüßt einen Raum voller Menschen schneller durch als Michael Czupalla. Schulterklopfen, Augen-Blick, schönen Gruß zuhaus, Schulterklopfen, Augen-Blick, schönen Gruß zuhaus.

Manchmal denke ich auch an seine engsten Mitarbeiter, die dieses Tempo mithalten müssen.

Zwanzig Jahre von seinen sechzig Jahren ist Michael Czupalla nun Landrat. Als zudem Vorsitzender des Ostdeutschen Sparkassenverbandes hatte er mehr Gestaltungsspielraum als mancher Minister in Dresden. Das war ihm in den Jahren immer bewusst.

Lieber als erster Mann im Landkreis, als dritter Mann in Dresden.

Bei einer Sparkassenverbandssitzung in Palermo haben Kleingangster ihn, im Gegensatz zu anderen Versammlungsteilnehmern, nicht bestohlen. Er trug sein Namensschild. MC könnte auch für Michael Corleone stehen, der in Mario Puzos berühmten Mafiaepos den Paten verkörpert. Frisur, Zigarillo und Einstecktuch machen schon was her. Nicht nur in Palermo!

Wir leben in Zeiten, in denen sich gerade nicht »der wahre Kern des Menschen offenbart«, um nochmal einen Bogen nach Seeburg zu schlagen. Wir haben die Kunst der Verstellung geradezu verinnerlicht. Als Landrat ist man vielen Schmeicheleien und den Partikularinteressen der Bürgermeister schonungslos ausgesetzt. Man braucht ein dickes Fell und eine gesunde Portion Eitelkeit, ohne die das Leben in der Öffentlichkeit nicht zu überstehen ist.

Michael Czupallas Stärke ist, dass er in vielen Milieus zu Hause ist. Er kann auf andere zugehen und heuchelt keine Bürgernähe, die andere seiner Kaste so perfekt spielen und damit die Politikverdrossenheit befördern.

So sei MC für die kommende Lebensdekade ein M und ein C gewünscht. Muße und Chancen. Auch für die Zeiten, in denen nicht mehr nur die Funktion die Person bestimmt.

## Agnes Gonxha Bojaxhio: Trotzdem

Agnes Gonxha Bojaxhio hätte gestern ihren einhundertsten Geburtstag gehabt. Sie lebt nicht mehr. Das ist nicht ungewöhnlich. Agnes Gonxha Bojaxhio war aber eine außergewöhnliche Frau. Es gibt ein Wort von ihr, das ich mir gemerkt habe. Das Wort »trotzdem«. Man kann auch zwei Worte daraus machen: »Trotz dem…« Widerstand und Standfestigkeit können nicht früh genug eingeübt werden. Bei Agnes Gonxha Bojaxhio ist es aber ein Wort: »trotzdem«. Auch wenn die Tatsachen gegen die Logik sprechen: trotzdem.

Sie werden in Ihrer eigenen Biografie Momente entdecken, in denen Sie dieses »trotzdem« verankern können. So nach dem Motto: Ich hätte gehen können, blieb aber trotzdem. Ich habe trotzdem gehofft und wurde gesund. Aus ihm ist trotzdem was geworden.

Auch bei der Gründung unserer evangelischen Schule standen uns alle zu erwartenden Widerstände vor Augen. Wir gründeten trotzdem. Das ging unter anderem nur, weil wir die tragenden Zusagen der Bibel kannten, die an Biographien unterschiedlicher Menschen aufzeigt, dass Leben gerade dort spannend ist, wo nicht in stromlinienförmiger Anpassung danach geschielt wird, was die Masse der Menschen so macht, denkt und für sich beansprucht.

Man kann das Wort »trotzdem« hinter vielen biblischen Geschichten entdecken. Gott schuf die Menschen trotzdem. Eva hielt trotzdem zu Adam. Noah baute trotzdem eine Arche. Abraham zog trotzdem los. Moses ging trotzdem zum Pharao. Jona kam trotzdem nach Ninive. Maria sagte trotzdem: Ja. Jesus wandte sich trotzdem den Menschen zu. Petrus warf die Netze trotzdem nochmal aus.

Agnes Gonxha Bojaxhio – da ist der schwierige Name wieder – notierte für sich und die Menschen, die in ihrer Umgebung die Hoffnung hochhielten, folgende Gedanken: »Die Leute sind unvernünftig, unlogisch und selbstbezogen, liebe sie trotzdem. Wenn du Gutes tust, werden sie dir egoistische Motive und Hintergedanken vorwerfen, tue trotzdem Gutes. Wenn du erfolgreich bist, gewinnst du falsche Freunde und echte Feinde, sei trotzdem erfolgreich. Das Gute, das du tust, wird morgen vergessen sein, tue trotzdem Gutes.

Ehrlichkeit und Offenheit machen dich verwundbar, sei trotzdem ehrlich und offen. Was du in jahrelanger Arbeit aufgebaut hast, kann über Nacht zerstört werden, baue trotzdem. Deine Hilfe wird wirklich gebraucht, aber die Leute greifen dich vielleicht an, wenn du ihnen hilfst, hilf ihnen trotzdem.

Gib der Welt dein Bestes, und schlagen sie dir die Zähne aus, gib der Welt trotzdem dein Bestes.«

Das Wort »trotzdem« kann man sich leicht merken. Wenn Ihnen der Name, »Agnes Gonxha Bojaxhio« zu schwierig zum Merken ist, merken Sie ihn sich bitte trotzdem. Es reicht auch der Name, unter dem sie später weltbekannt wurde: Mutter Teresa.

## Zur Schatzinsel kommt man über Umwege

Heute vor 150 Jahren wurde Robert Louis Stevenson geboren. 24 Erdenjahre waren ihm nur vergönnt, da er an Tuberkulose litt. Von Stevenson stammt der spannende Romanklassiker: Die Schatzinsel. Im Wirtshaus »Admiral Benbow« beginnt die Handlung. Es fließt reichlich Rum. Ein vergilbtes Stück Papier ist der Schlüssel zur Schatzinsel irgendwo mitten im Ozean. Eine abenteuerliche Fahrt führt den Schiffsjungen Jim Hawkins und die Männer der »Hispaniola« zur Insel. Doch sie machen die Rechnung ohne den Smutje. John Silver verfolgt mit seinen Männern auf dem gleichen Weg andere Ziele, um an Flints Schatz zu gelangen.

Man kann sich halt manchmal nicht ganz sicher sein, mit wem man es so unterwegs im Leben zu tun hat. Der Aufbruch zur persönlichen »Schatzinsel« geschieht in jedem Leben. Bei manchen Menschen bleibt die Suche nach einem Schatz im Gedanken an einen Lottogewinn hängen. Andere brechen auf, kommen in stürmische Zeiten, werden betrogen, finden Unterstützung, wo sie es niemals vermutet hätten, und bergen vielleicht einen Schatz.

Im letzten Jahr haben viele Intellektuelle den »Turm« von Uwe Tellkamp gelesen. Ein dicker Konsensschmöker, der in den Bestsellerlisten nach oben stürmte.

Uwe Tellkamp schreibt auf »hoher See«. Unter seinem Ikea-Hochbett hat er sich eine Kajüte gebaut. In dieser Kajüte entstehen die Romangeschichten. Tellkamp bekennt, die Schatzinsel ist das Geheimbuch hinter seinen Texten. Immer gehe es bei ihm um Reisen hin zu Schätzen. Im »Turm« ist Bildung dieser Schatz.

Schatzsuche kann auch über einen besonderen Weg führen. Und den will ich mit Ihnen heute gehen.

Jim Silver aus Leipzig träumt, dass er nach Prag fahren soll. Beim linken Brückenpfeiler am Ende der Karlsbrücke, auf der Seite, wo sich das Kafka-Museum befindet, soll ein Schatz vergraben sein.

Jim wacht auf – und denkt: ein schöner Traum. In der nächsten Nacht träumt er den selben Traum wieder. Als er in der dritten und vierten Nacht wiederum die Prager Bilder vor Augen hat, fährt er los. Er kommt nach Prag. Er geht über die Karlsbrücke. Doch, oh Schreck, dort steht ein Polizist. Genau neben dem linken Pfeiler. Und der geht nicht fort. Kafkaeskes Prag!

Jim schleicht einige Stunden auf der Karlsbrücke herum, bis der Polizist ihn anspricht, was er wolle. So verhalte sich kein Tourist. Jim weiß, dass man mit der Wahrheit immer am Weitesten kommt – und so erzählt er von den Träumen, die ihn hierher kommen ließen, um den Schatz zu bergen. Hier. Der Polizist bricht in lautes Gelächter aus. »So ein Blödsinn«, ruft er, realistisch-atheistisch erzogen. »Ein Traum, ein weiter Weg umsonst, ein imaginärer Schatz. Ich lach mich kaputt! Hören Sie, vor Jahren habe ich auch so einen Traum gehabt. Ich sollte nach Leipzig. Dort wohnt ein Typ, der Jim Silver heißt. In seinem Garten steht ein Ginkgobaum. Unmittelbar daneben liegt ein Schatz vergraben. Aber ich bin doch nicht blöd und fahre wegen eines Traums nach Leipzig.«

Jim Silver nickt, verabschiedet sich und fährt nach Hause. In seinem Garten gräbt er den Schatz aus. Die Schatzinsel ist der Ort, an dem man sich gerade befindet. Man muss nur manchmal Abstand vom Zustand haben, um das zu merken. Einen Rum mit Tee an diesem kühlen Wochenende auf Robert Louis Stevenson zum Geburtstag!

## Düben ist über »Guldenberg« hinausgewachsen

Drei Dinge sind es, die Bad Düben weit über die Stadtgrenzen hinaus bekannt gemacht haben. Die Heide, deren Namensgeberin Düben ist. Die Klinik, in der jeder berühmte DDR-Sportler schon einige Tage verbrachte, um wieder »zusammengeschraubt« zu werden. Und der »kleine Rettich« Christoph Hein. Diesen Spitznamen brachten ihm seine scharfe Beobachtungsgabe und spitze Zunge ein. Christoph Hein gilt mittlerweile als einer der erfolgreichsten Gegenwartsliteraten in unserem Land.

Die in seiner Kindheit in den 50er Jahren gemachten Erfahrungen ließ er in viele Romane einfließen.

»Guldenberg« heißt seine fiktive Stadt und ist selbstverständlich auch mit autobiographischen Erfahrungen versehen. In Düben kam Christoph Hein nach dem Krieg als Umsiedlerkind an. Umsiedler waren in Deutschland allgemein nicht willkommen.

Sein Vater hatte ein schweres Erbe als Pfarrer angetreten. Die Kirchgemeinde war deutsch-national geprägt und hatte dadurch Verrat am Juden Jesus begangen. Die Stadträte wollten nichts mehr davon wissen, dass sie einstimmig Adolf Hitler zum Ehrenbürger ernannt hatten.

In dieser Zeit wirkten die Lehrer auf Hein wie »Greifvögel«. Nach der achten Klasse wurde er der Schule verwiesen: »Bildungsziel erreicht, aber nicht das Erziehungsziel.« Es sind die Verletzungen der Kindheit, die uns ein Leben lang begleiten. Zurücksetzungen, Bloßstellungen, Beschämungen, mangelnde Wertschätzungen der ersten beiden Jahrzehnte prägen uns für die darauf folgenden Zeiten.

Die Stadt ist schöner geworden. Und bunter. Stiefmütterchen werden bald wieder im ganzen Stadtbild zu sehen sein. Wird der Stadtrat stiefmütterlich mit »seinem Dichter« umgehen? Ein wenig mulmig war mir schon, als ich vorgestern zur Stadtratssitzung in Bad Düben ging.

Die heftigen Ablehnungen im Vorfeld, vor allem von »Ur-Dübenern«, haben mich erschreckt.

Wer nie aus dieser Stadt rausgekommen ist, hält sie und sich möglicherweise für den Nabel der Welt.

Dabei sind Heins Romane deshalb so erfolgreich: Die Mechanismen in Kleinstädten sind von der See bis zu den Alpen gleich. Neid ist die höchste Form der Anerkennung, und niemand sorgt für mehr Gesprächsstoff als der, der gerade nicht da ist.

Ablehnungen mussten Dichter und Denker in Deutschland zu allen Zeiten in erfahren.

Hermann Hesse in Calw, Hans Fallada in Greifswald, Bertolt Brecht in Augsburg. Ihre Heimatstädte haben nichts von ihren Dichtern gehalten und sich erst nach ihrem Tod mit ihnen geschmückt. Dann aber um so mehr.

Bad Düben hat sich für einen anderen Weg entschieden. Glückwunsch über die Parteigrenzen hinweg. Respekt für die Einbringung, Frau Bürgermeisterin.

Dies ist auch eine Form von Geschichtsaufarbeitung!

Am 13. April wird Christoph Hein nun die Ehrenbürgerwürde der Stadt Bad Düben verliehen. Es ist sein Konfirmationstag. Als er 1958 vor dem Altar der Stadtkirche stand, hat sein Vater ihn gesegnet. Sein Konfirmationsspruch heißt: »Ich schäme mich des Evangeliums nicht.«

Nach diesem Beschluss bin ich erleichtert, mich für Bad Düben nicht schämen zu müssen.

## Das Hochzeitsalphabet

Was für eine Hochzeit gestern in London. Milliarden Zuschauer vor den Fernsehern weltweit. Prinzessin und Prinz. Kirche und Kutsche. Erinnerungen an Diana und viele Diamanten. Für einen Moment waren sie vergessen – die Energiediskussionen und der mörderische Clown Gaddafi.

Hoch-Zeit. Kaum eine andere Sprachwendung weiß das schönste und höchste Fest des Lebens so klangvoll zu bezeichnen wie die deutsche.

Diese Hohe Zeit bildet den Gipfel eines Beziehungsweges.

Wer gerne wandert, weiß, dass nach dem Gipfelbesuch der Abstieg kommt. So muss es bei den Beziehungswegen nicht sein. Und doch schmerzt es, wenn Paare in große Schwierigkeiten kommen. Das Leben wird durch Liebe erworben und mit Entfremdung bezahlt.

In den Medien geistern immer mal Zahlen herum, welches Ehejahr denn das schwierigste sei. Die Beobachtung in meinem Umfeld ist: Es ist das sechsundzwanzigste. Man hat auf die Silberhochzeit hingelebt, und die Kinder verlassen das Haus. Was nun?

Sechsundzwanzig Buchstaben hat auch unser Alphabet. Es soll hier durchbuchstabiert werden. Man(n) – und auch Frau – muss damit nicht bis zur Silberhochzeit warten. Egal ob London, Leipzig oder Landkreis:

Das A steht für die Achtung voreinander. Die Achtung sieht den anderen, der Schwächen hat, und nicht nur die Schwächen, die der andere hat.

Mit B soll das Bloßstellen vermieden werden.

C lehnt sich an die Chancen an, die aus D erwachsen, der Dankbarkeit für die Fügungen des Lebens.

Das E warnt vor der Eifersucht auf das Wohlergehen der anderen. Eifersucht ist eine Leidenschaft, die mit Eifer sucht was Leiden schafft. Sie verzehrt uns.

Das F will Frohsinn verbreiten und zusammen mit dem G Gelassenheit entwickeln.

H meint Hören, hören, zuhören.

Das I will Interesse zeigen am Du. Jedes Ich braucht ein Du, um ein Ich zu sein. Und J erinnert an das »Ja«, das vor dem Altar gegeben wurde.

K sind die Kinder, die uns anvertraut werden. Das Schönste, das es gibt auf der Welt.

L steht für die Liebe. Laut Bibel bleiben drei Dinge, wenn alles vergeht: Glaube, Liebe und Hoffnung, aber die Liebe ist die größte unter ihnen.

Das M möchte Mut finden. Mut macht Mut.

N sagt Nein in den Versuchungen.

O will Offenheit signalisieren.

P soll partnerschaftlich die Dinge besprechen.

Mit Q kann das Quengeln abgestellt werden.

Und R fördert das Reden mit- und nicht übereinander.

S möchte die Sympathie füreinander bewahren und T die Toleranz einüben, bevor mit U Urteile gefällt werden.

Das V steht für Vergebung, Verzeihen und wiederfindendes Vertrauen.

Mit dem W gehen Wahrheit und die Wünsche einher. Eine Wahrheit ist, dass sich nicht alle Wünsche erfüllen werden. X-mal versöhnen ist angesagt.

Y ist Ysop zur Leidensminderung, und das Z gibt Zärtlichkeit, Zuversicht und Zutrauen für eine gemeinsame Zukunft.

## 3 000 000 000 Mal in 75 Jahren

In den Sprüchen Salomos der Bibel steht: Behüte dein Herz, denn daraus quillt das Leben.

Ein Satz, der Anspruch und Zuspruch in sich birgt. Behüte dein Herz. Die Lebensquelle.

Alle Warmherzigen, Kaltherzigen, Engherzigen, Weitherzigen. Alle ihr, die ihr eurem Herzen einen Stoß geben müsst, und ihr, denen die Herzen zufliegen. Die, die das Herz auf der Zunge tragen und die, die aus ihrem Herzen keine Mördergrube machen. Mitmenschen mit Herzeleid und Herzenswünschen – behütet das Herz, denn daraus quillt das Leben.

Eine der sieben Todsünden ist die Herzensträgheit.

Eine zu Herzen gehende Geschichte der Bibel ist die Geschichte von Hannah und ihrem betrübten Herzen. Eine Frau mit Essstörungen, die keine Kinder bekommen kann. Sie schüttet im Gebet ihr Herz aus. Die Außenstehenden sehen nur, wie sich ihre Lippen bewegen, und denken, Hannah ist mittags schon betrunken. Wir Menschen sehen nur das, was vor Augen ist, Gott aber sieht das Herz an. Das Herz zwischen Maschine, Mythos und Magie.

Wir segnen bei der Taufe Herz und Stirn. Gefühl und Verstand. Als Organ steht das Herz direkt zwischen dem Leben und Tod.

Mit dem Chefarzt der Kardiologie, Jürgen Schütz, haben wir in der letzten Woche im Pfarrgarten das Herz näher beleuchtet. Jürgen Schütz ist ein Arzt, der auch ein guter Pfarrer geworden wäre. Aber sein Schöpfer hatte einen andern Plan für ihn.

Unser Kantor, Norbert Britze, hat Lieder aus dem Gesangbuch rausgesucht, in denen das Herz vorkommt. Wir haben viel gesungen, aber nicht annähernd die Hälfte der Lieder geschafft.

Unser Herz schlägt in 75 Lebensjahren drei Milliarden Mal. Setzt es nur für fünf Sekunden aus, ist das Leben in höchster Gefahr.

Am Herzen gibt es keine bösartigen Tumore, wie sie an allen anderen Organen vorkommen können.

Die Diagnostik hochmoderner bildgebender Methoden wie MRT oder CT geben bei typischen Herzbeschwerden im Brustbereich nur in 30 Prozent Hinweise auf eine organische Herzerkrankung. 70 Prozent bleiben ungeklärt, auch noch im 21. Jahrhundert. Nach Herztransplantationen erhalten Herzbeschwerden einen anderen Charakter, weil die Nervenverbindungen zwischen unseren Sinnesorganen und den Einflüssen, die durch das Gehirn gesteuert werden, unterbrochen wurden.

Das Herz schlägt, bevor wir die Welt erblicken. Herzschläge begleiten uns durch alle Lebensphasen, wenn es gut geht, über drei Milliarden Mal.

Vielleicht schlägt es auch nur zwei Milliarden Mal. Wir wissen nicht, wann unser Leben wie und wo endet. Aus der Kirchengeschichte des vierten Jahrhunderts stammt ein Satz, den ich mir mit Bleistift in meine Beerdigungsagende geschrieben habe: Unser Herz bleibt unruhig, bis dass es ruht in Dir.

Den erlebenden Tag gilt es zu genießen. Carpe diem. Behüte dein Herz, denn daraus quillt das Leben. Das viele Reden, Schweigen, Pflanzen, Bauen, Denken, Abwägen, Wünschen, Hoffen, Planen, Sorgen, Haschen, Ärgern, Lieben, Sammeln, Suchen...

Und dann bleibt das Herz auf einmal st.

## Die erste Selbsthilfegruppe

Sie bestand aus zehn Männern. Die erste Selbsthilfegruppe, die in der Literatur erwähnt wird. Zehn Männer lebten zurückgezogen in den Bergen Galiläas und waren krank. Aussätzig. Von Lepra befallen. Diese Krankheit ist besonders schlimm, weil man dir ansieht, dass du krank bist. Schon von weitem. Die Haut ist, wie von Schnee befallen, weiß. Aussatz, der Ausgrenzung mit sich bringt. Wegen der hohen Ansteckungsgefahr mussten die Kranken ihre Familien verlassen und eine Glocke bei sich tragen. Wenn ihnen jemand entgegenkam, galt es, mit der Glocke zu klingeln und laut zu rufen: Aussatz, Aussatz, Aussatz! Sofort wurde man von den anderen gemieden. Die Lebenserwartung sinkt. Die Lebensqualität wird arg eingeschränkt. Du gehörst nicht mehr in die Welt der Macher und Erfolgreichen. Es ist nicht mehr alles »supi« und »taff«. Du bist nicht mehr in den satten Farben des Lebens gemalt, sondern vom Leben gezeichnet.

In der seelsorgerischen Arbeit gibt es einen Grundsatz, der da heißt: Das Wort, das dir hilft, kannst du dir nicht selber sagen. Es bedarf des Zuspruches. Den finden die zehn Männer vorerst unter sich. Mit-Leidende verstehen sich untereinander am besten, weil es gar nicht so vieler Worte bedarf.

Ich habe eine hohe Achtung vor Selbsthilfegruppen jeglicher Art. Sie sind das gesunde Gegengewicht zu vielen krank machenden Seilschaften, die Abhängigkeiten produzieren. Zehn Männer teilen den Alltag und ihre Mühen miteinander. So steht es in der Bibel, von Lukas im siebzehnten Kapitel notiert. Die Männer hören davon, dass Jesus Menschen heilen kann. Dass die Begegnung mit ihm zur Gesundung führt. Für die zehn ist Religion sicherlich kein großes Thema bis dahin gewesen. Aber Not lehrt beten. So wenden sie sich in ihrer Verzweiflung der Kraft Gottes zu, die in der Welt wirkt, auch wenn es Menschen nicht wahrhaben wollen. Ihr Rufen und Bitten um Gesundung wird erhört. Alle zehn Männer werden wieder gesund.

Nun könnte man das als frommes Geschichtchen abtun und sagen, wie viele werden nicht gesund!? Der Schlüssel dieser Geschichte liegt in der Weiterführung, die seit 2000 Jahren Leser und Hörer nachdenklich machen soll. Neun von den zehn Männern gehen wieder in den Alltag zurück. Vermutlich denken sie, dass alles so weitergeht wie vor der Erkrankung. Aber das ist ein Irrtum. Nur einer von den zehn spricht ein Dankgebet. Er weiß um diese besondere Fügung seiner Gesundung und kennt auch den Adressaten. Zu ihm sagt Jesus: Dein Glaube hat dir geholfen. Was für ein Satz. Man kann ihn sich nicht selber sagen, weil das vermessen wäre. Aber andere können ihn zusprechen. Meist allerdings erst, nachdem eine schwere Geschichte durchgestanden ist. Neun bekommen eine reine Haut, einer bekommt eine reine Haut und eine erleichterte Seele. Und das Erstaunliche ist, dass Jesus keine Jüngerschaft verlangt. Er lässt ihn fröhlich seine Straße weiterziehen – auch an diesem Wochenende.

## Wetten, dass ... Adventsfreude gelingen kann?

Zweiter Advent. Zeit der Ankunft und Orientierung in Richtung Weihnachten. Die Adventszeit ist ohne unser Zutun in der Welt. Sie kommt alljährlich vor. An uns liegt es, wie wir diese besondere Zeit ausfüllen und gestalten. Adventsfreude will gelingen.

Dazu gehören vor allem die Gegensätze, der Gegensatz von Wärme und Kälte, von Nacht und Licht, von Klein und Groß, von Gefährdung und Bergung, von Alltäglichkeit und Wunder. Licht wird erst strahlend, wo die Dunkelheit mitgenannt wird. Das Glück der Wärme wird erst erfahrbar, wo man weiß, was Kälte ist. Rettung weiß man erst zu schätzen, wo die Gefahr erkannt ist.

Ich mag die Adventszeit sehr. Der Dezember ist so ein seltsamer Freudenmonat.

Die meisten Menschen kennen nur noch vage die Ursprungserzählungen dieser Zeit. Sie wissen wenig von Engeln, Hirten, der wunderbaren Geburt, den Intrigen der Mächtigen und den seltsamen Fremden, die ihrem Stern folgen. Für die meisten Menschen ist das Fest fortgetrieben vom alten Festland der biblischen Überlieferungen. Es flottiert im Meer unbestimmter Erwartungen. Trotzdem ist es auch für sie eine besondere Zeit. Die Kirchen sind in dieser Zeit eine Art Kostüm- und Sprachverleihanstalt, um Masken, Sprache, Lieder, Gesten auszugeben an die, die keine eigenen haben und die doch gelegentlich spüren, dass sie sie brauchen.

Adventsfreude kann gelingen, wo man die vielen Lichter löscht – und auf einzelne Lichter blickt. Adventsfreude kann gelingen, wenn man den Wortmüll, der einen umgibt, ausblendet und auf einige wesentliche Worte achtet. Hier gerne aus aktuellem Grund Christa Wolf: »Dass es kein Unglück gibt außer dem, nicht zu leben. Und am Ende keine Verzweiflung außer der, nicht gelebt zu haben.«

Adventsfreude kann gelingen, wo wiedergefunden wird, was einem als Kind die Untröstlichkeit genommen hat. Adventsfreude kann gelingen – wetten, dass…?

Auf dem Bad Dübener Kirchplatz gibt es heute zur letzten besonderen Sendung im Zweiten Deutschen Fernsehen keine Stadtwette. Aber am Nachmittag und Abend können Sie sich in das Adventsgestöber der Evangelischen Schule begeben. Zur Abendzeit um 18 Uhr singt die Kurrende in der Stadtkirche die Adventslieder, die zu Herzen gehen. Hinterher gibt es die kulinarischen Begleiter jeder Adventszeit auf dem Platz zwischen Schule, Kirche und Pfarrhaus. Und am späten Abend werden sicherlich viele von uns dem zuschauen, der sagt: Ich vertraue auf Gott und meinen Schalk. Letzte Woche sagte der gläubige Thomas dem »Spiegel«: »Am Tag nach Samuels Unfall habe ich in der Frühe mit der Familie ein Vaterunser gebetet. Das hat uns eine gemeinsame Ebene gegeben. Ihnen in ihrer Verzweiflung, mir in meiner Ratlosigkeit. Später habe ich auch mit Samuel gebetet, als ich ihn besucht habe.«

Hier ist der Unterschied zwischen »Halt die Ohren steif« und »Gott befohlen«.

## Ein Loblied auf die gelungenen Halbheiten

Wenn man unseren ehemaligen Bischof Axel Noack fragt, wie es »geht«, sagt er meistens: Gut genug!

Ich habe die beiden Worte oft von ihm gehört und auch schon in meinen Sprachschatz übernommen. Was will man auch sagen auf die Frage: Wie geht's?

Eigentlich müsste man zurückfragen: Willst du es wirklich wissen? Oder: Haben Sie denn eine halbe Stunde Zeit?

Aber so fragt man nicht. Man sagt: »Gut«, oder »Beschissen ist geprahlt«, oder man regt sich über das Wetter auf. »Gut genug!« ist da schon brillanter. Es drückt eine Zufriedenheit aus, die man für sich gefunden hat.

Man steckt nicht mehr fest zwischen Eitelkeit und Bitterkeit. Eitelkeit beherrscht uns, wenn wir denken, dass wir besser dran sind als andere Menschen. Und Bitterkeit steigt auf, weil man denkt, anderen Menschen geht es besser als uns. »Gut genug!« ist da eine besondere Momentaufnahme.

Wenn ich einkaufen gehe, höre ich im Gegensatz dazu über die Lautsprecher im Supermarkt: »Jeden Tag ein bisschen besser.« Das geht mir durch und durch. Sätze dieser Art zerstören den Menschen. Sie treiben ihn an. Sie nehmen ihm die Muße. Sie pressen ihn aus wie eine Zitrone. Warum kann gut nicht genug sein?

Mittlerweile haben die Optimierungs- und Effizienzberater ihre Denkgifte in alle gesellschaftlichen Bereiche verspritzt. Es muss sich rechnen, es muss maximiert werden. Noch schneller, noch weiter, noch höher, noch weicher, noch bunter, noch lauter. Alles ist möglich. Perfektheit. Ganzheit. Am Ende will man wie Gott sein.

Wer an Gott glaubt, braucht aber nicht Gott zu sein. Er muss nicht der Gesündeste, der Stärkste, die Schönste sein. Wo der Glaube zerbricht, wird dem Menschen oft die kaum zu tragende Last der eigenen Ganzheit auferlegt.

Zerfressender Ehrgeiz entsteht. Von Fulbert Steffensky, einem Religionspädagogen, habe ich gelernt, wie wichtig sogenannte Halbheiten sind. Fragmente, die im Ganzen enthalten sind. In jedem Bissen Brot ist das ganze Brot vorhanden:

»Es gibt ein Leiden, das durch überhöhte Erwartungen entsteht. Durch die Erwartung, dass die eigene Ehe vollkommen sei; dass der Partner einen vollkommen erfülle; dass der Beruf einen völlig ausfülle; dass uns die Erziehung der Kinder vollkommen gelingt. So ist das Leben nicht. Die meisten Ehen gelingen nur halb, und das ist viel. Meistens ist man nur ein halb guter Vater, eine halb gute Lehrerin, ein halb glücklicher Mensch, und das ist viel. Gegen den Totalitätsterror gilt es, die gelungene Halbheit zu loben. Es ist eine Kunst, die Güte des Lebens anzunehmen, die man jetzt schon haben kann, und die Halbheiten nicht zu verachten, nur weil die Ganzheit nicht möglich ist.«

Wer nur Ganzheiten erträgt, gerät in Panik, wenn er die Lebensverletzungen wahrnimmt.

Wir wollen an diesem Wochenende deshalb die gelungenen Halbheiten loben. Sie sind gut genug.

## Zwei Schiffe auf unterschiedlichen Kursen

Sie waren gemeinsam unterwegs. Vor Jahrtausenden. Einsiedlerkrebse und Leithammel. Wendige Wiesel und tapsige Bären. Geduldige Lämmer und wilde Leoparden. Stachlige Igel und anschmiegsame Katzen. Fleißige Bienen und faule Siebenschläfer. Kapitän Noah bestimmte über diesen eigenartigen Kosmos. Nach 40 Tagen legte die Arche an einem Berg an. Die Taube hatte zuvor mit einem Ölzweig signalisiert, dass die Wasserfluten abfließen.

Die Arche Noah ist zum Mythos geworden. Eine Überlebensgeschichte, obwohl die Tage der Menschheit gezählt waren. Sie waren auch gemeinsam unterwegs. Vor genau 100 Jahren. Sterbende europäische Feudalgesellschaft und aufstrebender amerikanischer Kapitalismus. Reiche Männer mit ihren eleganten Frauen und bitterarme Auswanderer mit nichts als der Hoffnung auf eine bessere Zukunft. Kapitän Smith bestimmte über diesen eigenartigen Kosmos. Nach vier Tagen rammt der Luxusdampfer einen Eisberg. Mit 21 Knoten, fast 40 Stundenkilometern.

Die Titanic ist zum Mythos geworden. Eine Vorwarnung vor den großen technischen Katastrophen, die von Menschenhand verursacht im neuen Jahrhundert bevorstanden. Es sind die beiden bekanntesten Fahrzeuge der Welt: die Arche und der Dampfer.

Ich habe gestern eine Frau beerdigt, die geboren wurde, als die Titanic noch in der Werft zusammengeschweißt wurde. Die Welt hat sich seitdem rasant verändert. Unendlich viel Leid zieht sich durch das letzte Jahrhundert in zwei Weltkriegen, im Holocaust (deutsch: Brandopfer). Havarien und Katastrophen. Von Tschernobyl bis Fukushima. Schiffbruch im Machbarkeitswahn der Technik. Dass jemand in seinem Leben »Schiffbruch erleidet«, ist eine bis heute sprachlich gebrauchte Redewendung. In der Bibel verwendet der Apostel Paulus diese Formulierung für alle die, die gegen ihr Gewissen handeln. Aus Geldgier (1. Timotheus 1,19).

Unser Wirtschaftssystem gleicht mehr dem Kosmos der Titanic als dem der Arche Noahs. Es droht zu sinken. Und während, wie bei dem Leinwandepos, die Passagiere der dritten Klasse längst begriffen haben, dass es ihnen an den Kragen geht, spielt auf dem obersten Deck noch die Kapelle – und die Offiziere versuchen, ein Gefühl von Sicherheit zu geben.

Unsere Finanzkrise ist allerdings selbst verschuldet. Auch kaschierte Eisberge sind Eisberge. Alle Ursachen und Urheber lassen sich auf diesen einen Nenner bringen: grenzenlose Geldgier. Es ist wie mit allen Dingen. Wenn man die Flut der Vorteile und Schnäppchen (insgeheim) bejubelt, darf man die darauf folgende Ebbe mit ihren Mühseligkeiten nicht (laut) beklagen. Ständiger Fortschrittszwang kann zum Fluch werden.

Was vor 100 Jahren als Kreuzfahrt begann, hat als Kreuzweg geendet. Die nächste Woche hieß früher einmal die »Stille Woche«. Sie soll den Menschen die Gelegenheit geben, den eigenen Kurs zu überprüfen. Es kommt nicht darauf an, mit vielen Knoten zu fahren. Es kommt darauf an, einen Knoten zu lösen.

## Wenn die Leidenschaft Leiden schafft

Das ist die neunzigste Kolumne von mir. Die Zahl »neunzig« steht nur einmal in der Bibel. Sara feiert dort ihren neunzigsten Geburtstag. Sie lacht, weil die Liebe neu erblühen soll. Aber das ist eine andere Geschichte.

Neunzig Minuten dauert ein reguläres Fußballspiel. Fußball hat in den letzten Wochen viel Platz in den Medien und Köpfen eingenommen. Viele Menschen sind traurig, dass Deutschland morgen nicht gegen Spanien spielt. Einige, hoffentlich nur wenige, sagen: Zum Glück ist es nun vorbei. Die Nichtssagenden sagen wieder nichts. Bei offenem Fenster hörte ich in den letzten Wochen die Grundschüler sich mit Gomez, Klose oder Özil rufen. In Italien heißen alle Grundschüler nach diesem Wochenende Balotelli. Ich habe mir als Grundschüler ein Autogramm von Jürgen Sparwasser geben lassen, der in Magdeburg in unserer Nähe wohnte. Noch heute weiß ich um die Minuten der Begegnung und erinnere mich an mein Rumgestotter, als ich mit Roy und Marc vor seiner Tür stand. »Haxen abkratzen« stand auf der Fußmatte. Es gibt halt Worte, die vergisst man nicht.

Es ist die Leidenschaft, die Leiden schafft. Und Fußball sehe ich am liebsten mit vielen anderen Menschen zusammen. Weil die Wangen hinterher so schön schwarz, rot, golden aussehen. Weil man sich in die Emotionen reinbegeben kann, welche die verordnete Coolness für einen Abend durchbrechen. Wenigstens für einen Abend!

Die Iren haben mir in diesem Jahr besonders gefallen. Chancenlos für den Titel haben sie eine wunderbare Stimmung verbreitet. Offene Gesichter, strahlende Augen, großartige Gesänge. Wir Deutschen sind das Volk der einen Strophe. Unsere europäischen Nachbarn singen durch. Das geht einem durch und durch. Die Iren. Grüne Insel, schwarzes Bier. Sie haben eine weit zurückgehende Segenstradition.

Hier ein Segen, fünfhundert Jahre alt, zur Überbrückung für die nächsten beiden Jahre, bis wir uns gegen Italien wiedersehen – vielleicht sogar im Goldenen Löw(en): Nimm dir Zeit zu arbeiten, das ist der Preis des Erfolges.

Nimm dir Zeit zu denken, das ist die Quelle der Macht. Nimm dir Zeit zu spielen (auch Fußball!). Das ist das Geheimnis der ewigen Jugend.

Nimm dir Zeit zu lesen, das ist die Grundlage der Weisheit. Nimm dir Zeit, freundlich zu sein, das ist der Weg zum Glück. Nimm dir Zeit zu träumen, sie bewegt dein Gefährt zu einem Stern. Nimm dir Zeit, zu lieben und geliebt zu werden, das ist das Vorrecht der Götter.

Nimm dir Zeit, dich umzusehen, der Tag ist zu kurz, um selbstsüchtig zu sein.

Nimm dir Zeit zu lachen, das ist die Musik der Seele. Lachen. Da sind wir wieder bei Sara. Ich hebe sie mir für die neunundneunzigste Kolumne auf.

## Wie Mattis sein Leben in den Griff bekommt

Er war nur mit einem Arm auf die Welt gekommen. Der linke fehlte ihm. Seine Eltern haben sich fast die Augen ausgeweint. Die Bitterkeiten liegen oft im Auge des Betrachters und nicht im Betrachteten selbst. Die Freude über jedes Kind, das geboren wird – wenn es denn geboren wird –, ist aber größer als der Schmerz. Sie nannten ihn Mattis. Diesen Namen trägt der Vater von Ronja der Räubertochter aus dem gleichnamigen Roman von Astrid Lindgren. Mattis ist ein unglaublicher Räubertochtervater, der aufbrausen und verzeihen kann. Im Kinofilm wird Mattis von Börje Ahlstedt sehr überzeugend gespielt. Ein Familienfilm nicht nur für die Regentage. Das Leben zwischen Sorge und Freude, Graugnomen und Dunkeltrollen, Kampf und Sieg.

Der einarmige Namensvetter Mattis wurde ein fröhlicher Junge. Er wuchs in das Leben hinein und interessierte sich für alle Dinge, für die man sich als Junge so interessiert. Irgendwann landet man da auch beim Kampfsport. Mattis bat seine Eltern so lange darum, Unterricht im Judo nehmen zu können, bis sie nachgaben, obwohl sie wenig Sinn daran sahen, dass er mit seiner körperlichen Einschränkung diesen Sport wählte.

Der Meister, bei dem Mattis lernte, brachte ihm einen einzigen Griff bei. Den sollte der Junge wieder und wieder trainieren. Nach etlichen Wochen fragte Mattis, ob er nicht auch noch andere Griffe lernen könne. Er bekam zur Antwort: »Das ist der einzige Griff, den du im Judosport beherrschen musst.« Obwohl er die Antwort nicht verstand, fügte er sich und trainierte weiter. Irgendwann kam das erste Turnier, an dem Mattis teilnahm. Und zu seiner eigenen Verblüffung gewann er die ersten Kämpfe mühelos. Irgendwann steigerte sich auch die Fähigkeit seines Gegners, aber Mattis schaffte es trotzdem bis ins Finale.

Dort stand ihm ein Junge gegenüber, der sehr viel größer, älter und kräftiger war als er. Ihn beschlichen Selbstzweifel, und er überlegte, den ungleichen Kampf abzusagen. Sein Meister bestand auf diese letzte Runde. Im Moment einer Unachtsamkeit seines Gegners gelang es Mattis, seinen einzigen Griff anzuwenden – und mit diesem gewann er zum Erstaunen aller. Es sind die unverhofften Siege, für die sich alle Mühe lohnt. Auf dem Heimweg fragte Mattis seinen Meister: »Wie war es möglich, dass ich nur mit einem einzigen Griff das Turnier gewinnen konnte?« – »Das hat zwei Gründe: Der Griff, den du beherrschst, ist einer der schwierigsten und besten Griffe im Judo. Darüber hinaus kann man sich gegen ihn nur verteidigen, in dem man den linken Arm des Gegners zu fassen bekommt.« Da begriff Mattis die Bedeutung des einen Griffs. Sein größter Verlust war auch sein größter Gewinn. Und vielleicht sind unsere Schwächen unsere heimlichen Stärken, die helfen, bei den Lebensverletzungen das Leben wieder in den Griff zu bekommen?

## Die verschiedenen Bilder einer Rotbuche

Zwölf Kilometer nördlich von Eisleben kommt die Ortschaft Mansfeld. Oberhalb Mansfelds liegt ein gewaltiges Schloss im Wald. Dieses Schloss ist mir das wichtigste Schloss auf der ganzen Welt. Ich habe dort als Kind oft wunderbare Sommertage erleben dürfen. Seit zwölf Jahren endet auch die Konfirmandenzeit der Bad Dübener Konfirmanden mit einer mehrtägigen Fahrt zum Schloss. Ein Konficastle!

Martin Luther hat seine Kindheit in Mansfeld verbracht – immer das Schloss auf dem Berge vor Augen. Er blieb mit der Heimat seiner Kindheit sehr eng verbunden. Trotz Unwohlseins machte er sich im harten Winter 1546 auf den Weg ins Mansfelder Land und versuchte dort im Schloss, die Konflikte zwischen der Grafenfamilie und den Hüttenmeistern beizulegen. Von dieser Reise kehrte Luther nicht mehr zurück. Er starb auf dem Heimweg – in Eisleben. Sein Lebensbogen hatte sich geschlossen.

Das Schloss führte einen jahrhundertelangen Dornröschenschlaf und ist mittlerweile eine christliche Jugendbildungs- und Begegnungsstätte geworden. Vergangenheit, die Zukunft hat.

Biografische Glücksmomente sind die Momente, die auch Verantwortung übernehmen lassen. Deshalb arbeite ich dort im Vorstand des Schlossvereines mit. Es gibt neben dem verlutherten Wittenberg noch andere Wirkungsstätten protestantischer Freiheiten.

Warum schreibe ich dies vor dem Totensonntag? Ich sah im Schlosssaal zehn Staffeleien, auf denen Bilder trockneten. Jedes Bild zeigte einen Baum. Durch die Fenster sah ich im Schlosshof eine riesige Rotbuche stehen. Ein Malkurs hatte also diese Rotbuche gemalt. Da stand ein Baum, aber es waren zehn ganz verschiedene Bilder, die ihn abbildeten.

So ist das auch mit unseren Toten. Wenn ein Mensch gestorben ist, hat sich sein Lebensbogen endgültig geschlossen. Wir blicken dieses Leben an und haben, ähnlich den Malkünstlern auf Schloss Mansfeld, ganz unterschiedliche Bilder von ihm vor Augen. Verschiedene Farben und Schattierungen.

Eine Ehefrau sieht ihren verstorbenen Mann anders als der Sohn oder die Enkeltochter. Seine Mutter hat wieder einen ganz anderen Blick, ebenso die Geschwister. Die Nachbarn haben unterschiedliche Bilder vor Augen, die Arbeitskollegen, auch die Konkurrenten und Neider oder gar die Geliebte. Es gibt kein einheitliches Bild, mit dem man ein Leben anschauen kann.

Morgen werden in den Kirchen des Landes die Namen der Toten aus unseren Gemeinden verlesen. Im Bad Dübener Pfarrbereich sind das 52 Menschen. Unsere Bilder werden verblassen.

Unsere Toten gehen uns voraus – zu Gott, von dem wir uns kein Bild(nis) machen sollen. Wir werden ihnen folgen. Bis dahin sollten wir uns auf die helleren Farben konzentrieren.

## Und manches ist noch heute so

Es war einmal … vor über 200 Jahren – da lebte in dem kleinen Ort Niederzwehren die Schneiderswitwe Dorothea Viehmann. Sie hatte die große Begabung, wunderbar erzählen zu können. Oft kamen Menschen zu ihr, um ihr zuzuhören. Zwei ihrer treuesten Zuhörer waren die Brüder Jakob und Wilhelm. Dorothea Viehmann hatte auch ein enormes Bibelkundewissen. In der Bibel fangen einige Geschichten mit der Formulierung »Es geschah« oder »Es begab sich« oder »Es war einmal« an. Beispielsweise das Buch Hiob. Daher begann Dorothea Viehmann ihre meist abendlichen Erzählrunden mit diesen Eingangsformulierungen.

Die Brüder Jakob und Wilhelm waren fasziniert und schrieben viele dieser Geschichten auf, sammelten weitere dazu und brachten vor zweihundert Jahren unter ihrem Nachnamen die Kinder- und Hausmärchen heraus. Drei Exemplare existieren noch von der Erstauflage. Mittlerweile wurden die Märchen in über 170 Sprachen übersetzt und weltweit über eine Milliarde Mal verkauft. Sie sind der kleinste literarische Nenner auch unseres Volkes.

Vorsicht. Die Geschichtsbücher und Biografien als literarische Gattung lügen mehr als die Märchen.

Märchen haben einen Wahrheitskern. Und eines wissen, auch unausgesprochen, die Kinder heute noch. Jede Geschichte, die mit »Es war einmal« beginnt, geht gut aus. Am Ende ist der Wolf tot und die Hexe im Ofen. Die Liebe siegt und die Weisheit belohnt.

In fast allen Erzählungen muss man die Liebe wagen, um glücklich zu werden.

Wo immer man in der Weltliteratur hinsieht, sind die Liebenden zum Untergang verurteilt. In den gesammelten Geschichten der Brüder Grimm finden sich die Liebenden am Ende – trotz Hecken, Türmen und bösen Stiefmüttern.

Die Liebe ist stärker als der Tod.

In den Märchen erkennen die Menschen auch die Weisheit am Wegesrand nicht.

So viele Geschichten, in denen junge Kerle ausziehen, um ihr Glück zu finden. Es geht darum, einen König gesund zu machen oder – noch interessanter – eine Prinzessin zu freien.

Kaum losgezogen, begegnet ihnen eine alte Frau oder ein Zwerg am Wegesrand. Meist wird um Brot gebeten. Brot stillt den Hunger.

Geschichten in gewisser Weise auch. Auf dem Weg zu den höheren Aufgaben, zu denen man sich berufen fühlt, will man sich aber nicht aufhalten lassen.

Oft heißt es: Ein Mann hatte drei Söhne… Und schon wissen wir, der Jüngste wird erfolgreich sein. Meist wird er als etwas minderbemittelt hingestellt. Aber das macht nichts. Er achtet auf die Dinge am Wegesrand. Dort liegt der Schlüssel für das Gelingen. Er bekommt später das »halbe Königreich« und die Prinzessin.

Wer nicht auf die Zufallsbegegnungen achtet, scheitert im Märchen und sicherlich auch im Leben. Eigener Antrieb und Verstand reichen nicht aus, um einen Drachen zu töten.

Es bedarf unkonventioneller Hilfe, die sich einstellt auf der Grundlage früheren Handelns.

In gewisser Weise kann man von einem »Tun-Ergehen«-Zusammenhang sprechen.

So war es einmal… – und manches ist noch heute so.

## Zeitlose Gültigkeit für unsere Kinder

Heute zum Kindertag soll hier an Paul Gerhardt erinnert werden. Nicht der wunderbaren Lieder wegen, die er gedichtet hat. Heute geht es um ihn und seinen Sohn Paul Friedrich.

Paul Gerhardt wurde 1607 in Gräfenhainichen geboren. Als er zwölf Jahre jung war, starb sein Vater. Mit 14 Jahren war er Vollwaise. Das Leben hatte keinen leichten Weg für ihn parat.

Einer Fügung gleich konnte er Anna Maria Berthold kennenlernen. Als sie heirateten, war Paul Gerhardt schon 48, Anna Maria 32. Das Paar bekam fünf Kinder. Viermal mussten sie hinter den Särgen ihrer Kinder hergehen. Unsere Sprache reicht nicht aus, um diese Leidenswege zu ermessen. Anna Maria starb mit 45 – sicher auch am gebrochenen Herzen. Am Ende blieb Paul Gerhardt nur noch ein einziger Sohn: Paul Friedrich.

Er schrieb 1676, kurz vor seinem Tod, einen Brief an den damals dreizehnjährigen Jungen. Es sind fünf Aufforderungen darin enthalten: 1. Meide das Böse. 2. Außer in deinem Beruf erzürne dich nicht. 3. Heirate. 4. Tue den Leuten Gutes – auch wenn sie es dir nicht danken. 5. Entfliehe dem Geiz.

Seit diesem Brief sind mehrere Jahrhunderte vergangen. Diese fünf Aufforderungen aber haben eine zeitlose Gültigkeit für unsere Kinder.

Unsere Kinder brauchen uns nicht nur, wenn sie mit dem Roller umfallen, sie brauchen uns gerade in den schönen und schwierigen Zeiten der Pubertät, wenn ihr Gehirn eine Großbaustelle ist.

Das Böse meiden. Wir können das Böse nicht aus der Welt bringen, aber wir können es meiden. Zur Zeit ist das Böseste, was unsere Kinder bedroht, der Drogenkonsum. Die teuflische Droge Chrystal Speed zerstört unseren

Nachwuchs. Haben wir früher nach durchzechten Nächten einen schweren Kopf gehabt und waren vorerst geheilt, verändern dagegen Drogen heute nachhaltig komplett die Persönlichkeit.

Wenn wir Glück haben, finden unsere Kinder einen Beruf, der ihren Talenten entspricht. Nur in diesem sollen sie sich, nach Paul Gerhardt, erzürnen und ereifern. Viele Menschen lassen den Dampf an der falschen Stelle ab. Sie passen sich bis zur Selbstaufgabe im Beruf an und führen dann Stellvertreterkriege in der Familie oder in der Nachbarschaft.

Die Aufforderung zur späteren Hochzeit scheint die einfachste Aufforderung zu sein. Es gibt nicht Besseres, als einen verlässlichen Partner zu haben – in Hoch- und Tiefzeiten.

Setz dich ein und setz dich aus. Paul Gerhardt erinnert seinen Paul Friedrich daran, dass er nicht allein auf die Anerkennung der Menschen bauen soll. Er sei getauft und habe dadurch einen unbezahlbaren Wert vor Gott. Wer sich nur auf Menschen verlässt, wird schnell verlassen.

Und als letztes die Ansage gegen den Geiz. Dieser gehört zu den sieben Todsünden und lässt das Leben verkrampfen.

Paul Friedrich hat später diesen Brief als Testament und Erbe seines Vaters empfunden.

Er durfte noch einige Monate in dem Pfarrhaus im Spreewald leben, musste aber schriftlich die Nutzung des Kessels im Konsistorium erbitten. Dann musste er weiterziehen, weil ein neuer Pfarrer kam.

Er studierte Theologie und zog über Greifswald und Riga nach Berlin. Paul Friedrich Gerhardt überlebte seinen berühmten Vater um 40 Jahre.

Unsere Kinder leben nicht von dem, was wir ihnen hinterlassen, sie leben von dem, was wir ihnen bedeuten.

Und das nicht nur zum Kindertag.

**Inhalt und**
**Erstveröffentlichungsdaten in der Leipziger Volkszeitung**

*Lieferbare Radius-Bücher. Eine Auswahl*

Martin Bauschke: Abraham und Aschenputtel
Brückenschlag zwischen Bibel und Märchen
Gerhard Begrich: Engel und Engelgeschichten in der Bibel
Gerhard Begrich: Namen und Namengeschichten in der Bibel
Gerhard Begrich: Schönheit sollst du schauen
Theologie und Poesie
Gerhard Begrich/Jörg Uhle-Wettler (Hg.): Vergessene Texte
Assoziationen. Bde 1–4: Mit den fünf Büchern Mose/den Propheten/den Psalmen/den Apokryphen durch das Kirchenjahr
Peter Bichsel: Im Hafen von Bern im Frühling
Peter Bichsel: Möchten Sie Mozart gewesen sein?
Christoph Dinkel (Hg.): Im Namen Gottes. Kanzelreden zu den sechs Perikopenreihen. 6 Bände
Wolfgang Erk (Hg.): Für diesen Tag und für alle Tage
Deines Lebens. Ein Brevier
Wolfgang Erk (Hg.): Viele gute Wünsche. Literarische Annäherungen
Wolfgang Erk (Hg.): Neues Jahr – neues Glück!
Literarische Texte zum Geburtstag und zur Jahreswende
Marcell Feldberg (Hg): Tod und Abschied
Texte zur Trauer und darüber hinaus
Ulrich Finckh: Gottes Adoptivsohn
Theologische Skizzen für kritische Leser
Ulrich Finckh: Vom heiligen Krieg zur Feindesliebe Jesu
Traugott Giesen: BIBEL-Energie
Traugott Giesen: Tage - Jahre - Leben. Neue Kolumnen
Hannah Green: Ich hab dir nie einen Rosengarten versprochen
Bericht einer Heilung
Peter Härtling: Leicht geworden für Gedankenflüge. 77 Zettel
Peter Härtling: Meine 75 Gedichte und zehn neue
Gotthold Hasenhüttl: Christen gegen Christen
Der Streit um das gemeinsame Abendmahl
Klaus-Peter Hertzsch: Chancen des Alters. Sieben Thesen
Klaus-Peter Hertzsch: Der ganze Fisch war voll Gesang
Klaus-Peter Hertzsch: Laß uns vorwärts in die Weite sehn
Texte zu meiner Biographie
Klaus-Peter Hertzsch: Sag meinen Kindern, dass sie weiterziehn
Erinnerungen
Klaus-Peter Hertzsch: Die Stärken des Schwachen
Erinnerungen an eine gefährliche Zeit
Reinhard Höppner/Michael Karg (Hg.):
Das Erbe der Bekennenden Kirche in der DDR
Reinhard Höppner/Joachim Perels (Hg.):
Das verdrängte Erbe der Bekennenden Kirche

Walter Jens: Das A und das O. Die Offenbarung
Walter Jens: Der Römerbrief
Walter Jens: Die vier Evangelien
Walter Jens: Der Teufel lebt nicht mehr, mein Herr!
Erdachte Monologe – Imaginäre Gespräche
Klaus-Peter Jörns: Glaubwürdig von Gott reden
Eine theologische Kritik der Bibel
Eberhard Jüngel: Anfänger
Herkunft und Zukunft christlicher Existenz
Eberhard Jüngel: Außer sich. Theologische Texte
Eberhard Jüngel: Beziehungsreich. Perspektiven des Glaubens
Eberhard Jüngel: Erfahrungen mit der Erfahrung
Eberhard Jüngel: Predigten, Bde. 1 bis 7, auch einzeln erhältlich
Otto Kaiser: Das Buch Hiob. Übersetzt und eingeleitet
Otto Kaiser: Kohelet. Das Buch des Predigers Salomo
Otto Kaiser: Weisheit für das Leben. Das Buch Jesus Sirach
Otto Kaiser: Die Weisheit Salomos
Otto Kaiser: Weihnachten im Osterlicht
Eine biblische Einführung in den christlichen Glauben
Werner Krusche: Ich werde nie mehr Geige spielen können
Erinnerungen
Reiner Kunze: Bleibt nur die eigne Stirn. Ausgewählte Reden
Matthias Loerbroks (Hg.): Ein Jahr mit Paul Gerhardt
30 Lied-Predigten
Gerd Lüdemann/Martina Janßen: Bibel der Häretiker
Nag Hammadi
Henning Luther: Frech achtet die Liebe das Kleine. Predigten
Henning Luther: Religion und Alltag
Bausteine zu einer Praktischen Theologie
Kurt Marti: DU. Rühmungen
Kurt Marti: Fromme Geschichten
Kurt Marti: geduld und revolte. die gedichte am rand
Kurt Marti: Die gesellige Gottheit. Ein Diskurs
Kurt Marti: gott gerneklein. gedichte
Kurt Marti: Gott im Diesseits. Versuche zu verstehen
Kurt Marti: Heilige Vergänglichkeit. Spätsätze
Kurt Marti: Prediger Salomo. Weisheit inmitten der Globalisierung
Kurt Marti: Die Psalmen. Annäherungen
Kurt Marti: Schöpfungsglaube. Die Ökologie Gottes
Kurt Marti: Ungrund Liebe. Klagen, Wünsche, Lieder
Kurt Marti: Von der Weltleidenschaft Gottes. Denkskizzen
Gerhard Marcel Martin: Das Thomas-Evangelium
Gerhard Marcel Martin: Was es heißt: Theologie treiben
Pierangelo Maset: Geistessterben. Eine Diagnose
Pierangelo Maset: Wörterbuch des technokratischen Unmenschen

Elisabeth Moltmann-Wendel: Gib die Dinge der Jugend mit Grazie auf. Texte zur Lebenskunst
Elisabeth Moltmann-Wendel: Der auf der Erde tanzt Spuren der Jesusgeschichte
Gert Otto: Tod und Trauer brauchen Sprache
Hans-Richard Reuter: Beim Wort genommen. Predigten
Ingeborg Ronecker: JerusalemJahre. Von Intifada zu Intifada
Karl-Heinz Ronecker: Liedpredigten
Karl-Heinz Ronecker: Mit Literatur predigen
Eleonore von Rotenhan: Paradies im Niemandsland. Alzheimer
Martin Scharpe (Hg.): Heilige Nacht. Heiliger Tag Die 100 schönsten Weihnachtsgedichte und -geschichten
Martin Scharpe (Hg.): Erdichtet und erzählt I und II Das Alte / Das Neue Testament in der Literatur
Martin Scharpe / Wolfgang Erk (Hg.): Tag für Tag Literarisches Geburtstagsbuch
Henning Scherf: Gast bei fremden Freunden Eine Weltreise à la Scherf
Wieland Schmied: Bilder zur Bibel Maler aus sieben Jahrhunderten erzählen das Leben Jesu
Wieland Schmied: Von der Schöpfung zur Apokalypse Bilder zum Alten Testament und zur Offenbarung
Wieland Schmied: Ochs und Esel und andere Tiere der Bibel 52 Meisterwerke der europäischen Malerei
Gunda Schneider-Flume: Realismus der Barmherzigkeit
Friedrich Schorlemmer (Hg.): Das soll Dir bleiben Für morgens und abends
Fulbert Steffensky: Gewagter Glaube
Fulbert Steffensky: Mut zur Endlichkeit Sterben in einer Gesellschaft der Sieger
Fulbert Steffensky: Der Schatz im Acker. Gespräche mit der Bibel
Fulbert Steffensky: Schöne Aussichten Einlassungen auf biblische Texte
Fulbert Steffensky: Schwarzbrot-Spiritualität
Fulbert Steffensky: Wo der Glaube wohnen kann
Fulbert Steffensky: Die Zehn Gebote
Fulbert Steffensky (Hg.): Ein seltsamer Freudenmonat 24 Adventsgedichte und 24 Adventsgeschichten
Hanna Wolff: Jesus als Psychotherapeut
Hanna Wolff: Jesus der Mann
Eva Zeller: Das unverschämte Glück. Neue Gedichte

Radius-Verlag · Alexanderstraße 162 · 70180 Stuttgart
Fon 0711.607 66 66 Fax 0711.607 55 55
www.Radius-Verlag.de e-Mail: info@radius-verlag.de